AF198337

Carmen Reuter

Komm mal runter von der Palme!

Wie Ärger entsteht – und was Sie dagegen tun können

Carmen Reuter

Komm mal runter von der Palme!

Wie Ärger entsteht - und was Sie dagegen tun können

Lange habe ich überlegt, wie ich mit der „Genderfrage" umgehe. Schreibe ich von Berater_innen, von Trainer*innen, von Kolleg:innen? Keine dieser Varianten vermochte mich zu überzeugen. Als ich Gerald Hüthers neues Buch in die Hände bekam, entzückte mich seine schlicht-pragmatische und zudem perfekt formulierte Lösung unmittelbar. Und wenn etwas nicht besser ausgedrückt werden kann, dann zitiere man das Original! Also mit Dank an Gerald Hüther:

"Ich weiß, dass es zwei oder gar mehr Geschlechter gibt. Der besseren Lesbarkeit wegen verwende ich mal die männliche und mal die weibliche Form."

© 2020 Carmen Reuter

Redaktion: Karen Hartig
Illustrationen: Herbie Erb

Verlag und Druck:
tredition GmbH, Halenreie 40-44, 22359 Hamburg

ISBN
Paperback: 978-3-347-20643-4
Hardcover: 978-3-347-20644-1
e-Book: 978-3-347-20645-8

Für Alfred,

mit dem ich über die Absurditäten des Lebens lachen kann, statt alles ernst zu nehmen.

INHALT

I. Vorwort 9

II. Was Menschen auf die Palme bringt: Ärger und seine Entstehung.. 13

2.1 Was ärgert Sie? Oder besser gefragt, wer ärgert Sie? 13

2.2 Ein wenig Neurobiologie: Der Steinzeitmensch in uns lebt........17

2.3 Unsere hauseigene ‚Stiftung Warentest‘: Das emotionale Erfahrungsgedächtnis 20

Testen Sie mal: Wie fühlt sich Ihr Ärger an? 22

2.4 Wie das emotionale Erfahrungsgedächtnis mit uns kommuniziert: Hör mal, wer da spricht!................................24

2.5 Die großen Stressreaktionen: Kämpfen, fliehen, totstellen 30

Auf sie mit Gebrüll – die Kampfreaktion 31

Rette sich wer kann – die Fluchtreaktion.............................32

Wie zur Salzsäule erstarrt – „einfrieren" oder „totstellen" 33

Ein kleiner Exkurs: Mobbing und die Folgen 35

2.6 Amygdala lässt grüßen: Ihr Panikschalter im Gehirn 37

2.7 Männer sind anders, Frauen auch – Über die Unterschiede beim Ärgern 40

2.8 Nährboden für Ärger: Die fünf großen Trigger 46

Neid 50

Zurückweisung 51

Kritik 53

Kontrollverlust...54

Verletzte Werte 56

2.9 Ärger macht krank oder: Warum es sich lohnt, den eigenen Ärger zu meistern 59

III. Wege aus dem Ärger...... 62

3.1 Besser im Alltag klarkommen: Die Immer-wieder-Situationen .. 62

Tool: Die Alltags-Ärger-Diagnose......65
Tool: „Fremdhirne" nutzen......66
Kleine Anti-Ärger-Hilfen für Autofahrer 70

3.2 Die vier Naturelle: Sich selbst und andere besser verstehen 72

Wenn Pflichterfüller sich ärgern......74
Hinterfrager-Zorn 75
Der Groll des Teamplayers 76
Der wütende Rebell......77
Tool: Der friedvolle Tipp aus Fernost 79

3.3 Universallösung Klopfakupunktur: Klopf dich frei!...... 81

Vier häufige Fragen zur Klopfakupunktur und ihre Antworten......88

3.4 Ärger regulieren im Homeoffice: „Ich kann nicht mehr!" 91

Tool: Der Drei-Fragen-Weckruf 93
Tool: Die Ärger-Transformationsatmung......99

3.5 Der regt mich auf, die bringt mich zur Weißglut! Wenn Sie sich über andere ärgern 101

Tool: Sauer, wütend, verärgert? 3 Quickies zur Beruhigung .105

3.6 Bei sich bleiben statt außer sich geraten: 6 Fragen helfen......106

Tool: Runterkühlen mit der Vulkanübung 111
Wenn ein Anrufer überkocht: Vulkan-Übung 2......112

3.7 Einfach aufhören! Über das Dampf-Ablass-Fasten 114

3.8 Der Weg der Meister: Wie Sie die Kraft der Frustration nutzen 117

IV. Anhang 119

Kurzanleitung Klopfakupunktur 119
Liste schnell und nachhaltig wirkender Methoden 121
Buchempfehlungen 122

Die Autorin 124

I. Vorwort

Von Dünnhäutern, Schwiegermüttern und warum es unvermeidbar war, ein Anti-Ärger-Buch zu schreiben

Kennen Sie den? *Mensch ärgere dich nicht* gilt erst als beendet, wenn jemand aufsteht, das Spielbrett umwirft und „ich hasse euch!" schreit.

Man kann sich im Prinzip den lieben langen Tag ärgern. Über den Kollegen, die Ehefrau, den Nachbarn, die schlechte Schulnote des Kindes, das Mittagsgericht in der Kantine, den Paketboten, die rote Ampel und das Wetter. Verpflichtet ist man nicht dazu.

Ärgern Sie sich manchmal? Ich ärgere mich ungern, aber immer wieder. Und das trotz allen Trainings. Leider.

Das liegt daran, dass ich von Haus aus eine Dünnhäuterin bin. Viele Dinge gehen mir schnell an die Substanz oder unter die Haut. Hinzu kommt mein lebhaftes Temperament. Wenn Sie nun im Geist Merkmal eins und Merkmal zwei addieren und meinen, eine Art Rumpelstilzchen vor sich zu sehen: Bingo.

Das geht folgendermaßen bei mir: Zügig losärgern, fix hoch auf die Palme, oben ein bisschen toben und schimpfen, ziemlich flott auch wieder runterkommen – und dann ist die ganze Sache meistens vergessen.

Wenn Sie nun mit einem Stress-Dickhäuter zusammenleben, der Ihre Palmen-Aktion mit den Worten kommentiert: „Ich weiß jetzt aber gar nicht, warum du dich so aufregst…", dann finden Sie diese Aussage wenig hilfreich. Und den, der sie ausgesprochen hat, finden Sie doof. Eigentlich spricht alles dafür, sich umgehend wieder aufzuregen. Gleichzeitig wünschen Sie sich sehnlichst ein dickeres Fell. Doch woher nehmen?

Es liegt auf der Hand: Bei dieser Ausgangslage war ich praktisch ausersehen, mich über viele Jahre mit dem Thema „Ärger" auseinanderzusetzen, mich konstant fortzubilden, zu lernen und zu üben, später ein sehr erfolgreiches Live-Training zu entwickeln – und schließlich dieses Buch zu schreiben. Ich bin Ärger-Profi an Leib und Seele, glauben Sie mir ruhig. Und wenn ich eins weiß, dann das: Ein Training gegen diese brodelnde, schwelende, oft explosive Kraft in Ihrem Inneren macht Sie heiterer, kreativer und gelassener. Mehr noch, es gibt Ihnen Energie und Ausstrahlung, schützt Ihre Gesundheit und lässt Sie in allen Aspekten besser aussehen!

Genau dafür ist dieses Buch entstanden. Das Wort „Ärger" dient dabei als Überbegriff für die vielen Facetten, die diese stürmische Emotion haben kann, und beinhaltet also auch Wut, Zorn und andere Aufregungsgefühle.

In diesem Ratgeber bekommen Sie nicht nur viel Wissen, was es mit diesem vermaledeiten Ärger eigentlich auf sich hat, sondern auch handfeste, erprobte Mittel und Möglichkeiten, um künftig anders mit Ärger und Stress umzugehen. Um besonnen, gelassen, souverän zu bleiben, wenn es darauf ankommt.

Dass mein Anti-Ärger-Training entstand, hatte allerdings noch einen anderen, schwerwiegenderen Grund:

Ich hatte eine Schwiegermutter.

Und diese verstand es meisterhaft, mich in gefühlt zweieinhalb Sekunden auf die nächste Palme zu bringen. Dort saß ich dann und wetterte. Sobald ich mich wieder beruhigt hatte und hinunterkletterte, stand sie bereits unten und sagte im Tonfall schwerster Schicksalsprüfung: „Ach Carmen, du bist halt so explosiv ..."

Raten Sie, wo ich in der nächsten Sekunde war. Irgendwann hatte ich dieses Spiel gründlich satt. Ich wollte mich von jener Frau, mit der ich nun einmal kein gutes Verhältnis hatte, nicht weiter manipulieren lassen. Also suchte ich nach Wegen, wie ich es trotz meiner Dünnhäutigkeit, trotz meines mediterranen Temperaments schaffen konnte, mich nicht mehr zu ärgern. Denn dass ich meine Schwiegermutter nicht verändern konnte, schien mir nach einigen gnadenlos gescheiterten Versuchen eine gesicherte Tatsache. Oder ist *Ihnen* schon einmal gelungen, einen anderen Menschen zu verändern?

Deshalb verlegte ich meine Anstrengungen und Bemühungen nun darauf, herauszufinden, was ich für mich selbst tun konnte. Und was es zu verändern galt, um resistent gegen Manipulation zu werden.

Die schlechte Nachricht vorweg: Generelles Nicht-ärgern, also den vergeistigten Zustand des gütig dreinblickenden und emotional ruhig bleibenden ZEN-Mönches zu erreichen, das gibt's in einem westlichen Durchschnittsleben nicht. Mir zumindest ist es bisher noch nicht vergönnt gewesen.

Sich *nicht* zu ärgern, ist im menschlichen Gehirn auch gar nicht vorgesehen. Auf meiner langen Forschungsreise rund um den

Ärger entdeckte ich aber Mittel und Wege, um das leidige Gefühl schneller loswerden zu können und zurück in einen gelassenen, für alle Beteiligten gut bekömmlichen Zustand zu finden. Dabei geht es weder darum, den Ärger herunterzuschlucken, noch darum, ihn leidenschaftlich auszuleben. Beides ist in höchstem Maße ungesund. Vielmehr sollte man versuchen, die beiden Pole in ein gutes Gleichgewicht zu bekommen, denn damit spart man jede Menge psychischer Energie.

Wie wir also die Kraft des Ärgers im Privaten wie im Beruflichen nutzen können und wozu wir sie nutzen sollten: Darum geht es in diesem Buch! Im ersten Teil erfahren Sie, was es grundsätzlich mit dem Ärger auf sich hat. Wie er entsteht, warum er Ihnen beim Überleben helfen soll und was ihn so anstrengend macht. Und Sie bekommen Gelegenheit, Ihr eigenes Ärgerverhalten einmal auf Herz und Nieren zu untersuchen.

Im zweiten Teil des Buches stelle ich Ihnen dann Methoden und Übungen vor, mit denen Sie sich zügig aus dem Würgegriff des Ärgers befreien können.

Also viel Spaß! Ich wünsche Ihnen viele Erkenntnisse beim Lesen und viel Erfolg bei der Umsetzung.

II. Was Menschen auf die Palme bringt: Ärger und seine Entstehung

„Wer gelernt hat, sich von der Herrschaft des Ärgers zu befreien, wird das Leben viel lebenswerter finden." (Euripides)

Der Dichter Euripides lebte vor fast 2500 Jahren, schon die alten Griechen schlugen sich also mit dem Ärgerthema herum. Sehen Sie? In allen Jahrtausenden und in allen Kulturen suchten Menschen nach Wegen, um besser mit Ärger umzugehen.

2.1 Was ärgert Sie? Oder besser gefragt, wer ärgert Sie?

Die meisten Menschen gehören einem bestimmten Ärger-Typ an. Sie werden in diesem Buch immer wieder auf diese unterschiedlichen Gestalten mit ihren ebenso unterschiedlichen Reaktionsmustern stoßen – deswegen vorweg eine erste grobe Einordnung.
Ich unterscheide vier Ärger-Typen. Da sind zum einen die *Rumpelstilzchen*. Ihre Art zu reagieren ist explosiv: Sie geraten schnell auf die Palme und recht zügig auch wieder herunter. Explodierer sind also Menschen, die außerstande sind, ihre Emotionen in sich zu behalten, und sie einfach herauslassen. Das Gute an den Rumpelstilzchen: Nach einem reinigenden Gewitter vergessen sie die ganze Sache in der Regel schnell. Noch explosiver, fast vulkanisch agieren die *Choleriker*. Diese sind so in ihrer Wut gefangen, dass sie nicht bemerken, welche

Kollateralschäden sie im tobenden Rausch anrichten. Wobei ihnen das ohnehin egal ist: Choleriker sind meist überzeugt davon, im Recht zu sein.

Ihnen gegenüber stehen die *Implodierer*. Das sind Menschen, die allen Ärger und Frust herunterschlucken und versuchen, aufwühlende Ereignisse zu verdrängen und wegzuschweigen. Die Ursache liegt häufig weit in der Vergangenheit, in einer Situation, die emotional so überfordernd war, dass sowohl ihr Denken als auch das Sprachvermögen ausfielen. Da blieb nur das Unterdrücken der heißen Gefühle.

Und dann gibt es noch die *Rabattmarkensammler*. Auch diese schlucken ihren Ärger in der betreffenden Situation. Allerdings merken sie sich jedes kleine Erlebnis, und zwar unerbittlich. Bildlich gesprochen, kleben sie für jeden Ärger, jede Meinungsverschiedenheit fein säuberlich eine Marke in ein Heft. Für jeden Menschen, mit dem sie Streit haben, führen sie ein eigenes Rabattmarkenheft. Und in dem Moment, wenn das Heft voll ist, dann tut sich die Hölle auf – und dem Gegenüber, welches keine Ahnung hat, wie ihm gerade geschieht, fliegt buchstäblich das gesamte Heft gesammelter Verfehlungen um die Ohren.

In meinem Fall (Sie können es sich fast denken, dass meine Schwiegermutter meisterhaft geübt war im Umgang mit solchen Heften) stand ich jedes Mal so überrumpelt wie überwältigt von diesem Tsunami an Vorwürfen da.

Mich zu verteidigen, gelang praktisch nie, denn als echtes Rumpelstilzchen hatte ich die bewussten Situationen ja längst vergessen. Aber explodieren konnte ich, und das mit Format! Mit der bekannten Folge, dass meine Schwiegermutter stets den Sieg davontrug. Mehr als „ach Carmen, du bist ja so explosiv" brauchte sie nicht zu sagen ...

Jede dieser Varianten entwickelt sich im Laufe der Zeit. Können Sie sich noch erinnern, wie Sie während Ihrer Schulzeit mit Stress und Ärger umgegangen sind? Zu welcher Gruppe zählen Sie sich heute?

Eine Frage an Sie als Kind des 21. Jahrhunderts: Was ärgert Sie? Oder vielleicht besser gefragt: Wer ärgert Sie? Regen Sie sich beim Autofahren auf, beim Schlange stehen und Warten? Bei miesen kleinen Provokationen?

Ich selbst habe am Vorbild gelernt. Wer mit meiner Mutter Auto fuhr, kam stets in den Genuss einer unverhofften Wortschatzerweiterung. Vielleicht nicht in dem Sinn, wie Eltern sich das für den Bildungsweg ihrer Kinder wünschen, aber durchaus hilfreich für jegliche Streiterei in einem Reality-Format privater TV-Sender.

Was muss also passieren, damit Sie ihre Fassung verlieren oder sich empören, grollen oder gar explodieren? Gehören Sie zu denjenigen, die alles erst einmal schlucken und in sich hineinfressen, also eher implodieren? Und wussten Sie, dass das häufig damit zu tun hat, ob Sie als Mann oder als Frau erzogen worden sind?

Bis mindestens in die Achtzigerjahre galt in vielen Familien als Erziehungsziel: Ein Mädchen sei hübsch und nett (und darf somit keinen Ärger zeigen), der Junge sei stark und durchsetzungsfähig (und darf damit seiner Wut lautstark Ausdruck geben). Wir erleben das noch heute in Beschreibungen von durchsetzungsfähigen Frauen im Business: „Die hat ja Haare auf den Zähnen, das Mannweib, die Kampfhenne!" Für Männer gibt es interessanterweise kein sprachliches Äquivalent.

Natürlich spielen auch Familienregeln eine große Rolle. Wenn es in Ihrer Familie sehr beherrscht zuging, dann haben Sie vielleicht keinen angemessenen Umgang mit der Wut gelernt, sondern nur die Unterdrückung von Ärger und Zorn.

Gehören Sie wie ich zu den Menschen, die sich regelmäßig über sich selbst ärgern, weil sie sich wieder einmal wie Rumpelstilzchen aufgeführt haben, statt gelassen und souverän bei sich zu bleiben? Oder weil Sie den Mund gehalten haben und sich nicht gewehrt haben?

Oder, besonders blöd, weil ihnen die perfekte schlagfertige Erwiderung auf die Provokation des Kollegen erst Tage später eingefallen ist?

Menschen neigen in dieser Hinsicht zu merkwürdigem Verhalten. Wir ärgern uns und beschimpfen uns selbst. Wir machen uns fertig, indem wir uns mit einer verbalen Peitsche geißeln, und gießen mit diesem Verhalten Öl in die aufgeflammte körperliche Reaktion der Wut. Es kann in diesem ewigen Teufelskreis schon helfen, zu verstehen, wie Dämon Ärger überhaupt aus seiner Flasche kommt.

Sie ahnen es wahrscheinlich – das Ganze nimmt seinen Beginn im Gehirn.

2.2 Ein wenig Neurobiologie: Der Steinzeitmensch in uns lebt

Haben Sie auch schon mal versucht, sich mitten in einem Moment akuten Ärgers mit dem Kommando „Darüber werde ich mich jetzt nicht ärgern!" zu beruhigen?

Und, waren Sie erfolgreich?

Trösten Sie sich, das klappt bei den meisten Menschen nicht. Was wiederum daran liegt, dass unser Gehirn nun einmal so arbeitet, wie es arbeitet. Und genau dieses Funktionsprinzip schauen wir uns jetzt genauer an.

Wenn wir an das Gehirn denken, dann denken wir fast immer zuerst an „denken". Doch denken ist keineswegs die wichtigste Aufgabe des Gehirns. Denken, das ist kaum mehr als ein banaler Zweitjob! Die wichtigste Aufgabe unseres Gehirns ist so archaisch wie existenziell: Es ist dazu da, um unser Überleben zu sichern. Diesem Ziel wird alles andere untergeordnet.

Damit das funktioniert, muss das Gehirn jede Situation blitzschnell bewerten: Ist das, was gerade geschieht, in Ordnung und okay? Unterstützt es mein Überleben? Oder ist es in irgendeiner Weise gefährlich für mich? Deshalb sprechen Forscher inzwischen vom Gehirn als „Bewertungsorgan".

Der Neurobiologe und Autor Gerald Hüther erzählt dazu in einem seiner Vorträge eine wunderbare Anekdote. Um zu untersuchen, ob Fasten stressvermindernd wirkt, fuhr er mit einer Gruppe von Hirnforschern an den Bodensee in eine große

Fastenklinik. Alle Patienten und Patientinnen wurden zu Beginn ihrer 14-tägigen Fastenkur auf Stresszeichen untersucht; besonders im Fokus stand das Langzeitstresshormon Cortisol. Am Ende des Kuraufenthaltes wurden die Werte überprüft. Zur großen Überraschung der Forscher hatte sich im Durchschnitt nichts verändert. Als sie nun die Auswertung genauer untersuchten, stellten sie fest, dass bei etwa der Hälfte der Patienten die Stresswerte durchaus auf das Level „Entspannung" gesunken waren. Bei der anderen Hälfte jedoch waren sie gestiegen, und zwar auf Hochstressniveau.

Sofort stellten sich Fragen. Wie kam das? Wie unterschieden sich die beiden Gruppen? Waren die Menschen älter oder jünger? Dicker oder dünner? Männer oder Frauen?

Die Antwort überraschte sogar die Forscher: Fast alle, die mit wohliger Entspannung auf die Fastenkur reagiert hatten, waren Selbstzahler und damit aus eigener Tasche für die Kur aufgekommen.

Die anderen, die beim Fasten verstärkt Stresshormone ausgeschüttet hatten – die waren von der AOK zum Abspecken hingeschickt worden! Stellen Sie sich die unterschiedliche Wahrnehmung in etwa so vor:

Gruppe 1: „Wie wunderbar es ist, zu fasten! Endlich entschlacken, entgiften, Ballast loslassen. Und dabei in so guter Art und Weise unterstützt zu werden, mit köstlichen biologischen Kräutertees und dieser mit Liebe gekochten Gemüsebrühe. Das alles in der angenehmen Gemeinschaft von Menschen, die verstehen, wie wichtig Entschlacken ist. Und dann noch in der

Schönheit der Bodenseelandschaft spazieren gehen zu können, ach, wie ist das schön!"

Und nun Gruppe 2: „So ein Sch…! Ich habe Hunger und kriege nichts zu essen – diese blöden Brühen machen doch nicht satt. Dazu noch literweise Kräutertees, die nach Kompost stinken, und obendrauf diese Idioten, die die ganze Zeit von Entschlacken faseln. Entschlacken, ha! Und mit diesen Gesundheitsaposteln muss ich auch noch um den Bodensee latschen …"

Sie sehen es: Ein Erlebnis, zwei Bewertungen, wie sie unterschiedlicher nicht sein können.

Zweifellos kennen Sie das auch aus eigenem Erleben: Jemand regt sich fürchterlich über etwas auf, das Sie allenfalls amüsiert. Oder Sie schäumen bereits vor Wut über den langsamen Service im Lokal, während Ihre Begleitung so milde wie gelassen bleibt: „Ach komm, du siehst doch, wie voll es hier ist!"

In jedem Augenblick unseres Lebens bewerten wir, sowohl unsere inneren wie auch die äußeren Wahrnehmungen. Wir tun es unablässig und meistens unbewusst.

Und genau diese Bewertungen lösen die Stressreaktion aus.

2.3 Unsere hauseigene ‚Stiftung Warentest‘: Das emotionale Erfahrungsgedächtnis

Woher stammen nun diese Bewertungen, wo entspringen sie?

Alles, was wir jemals erlebt haben, wird in unserem sogenannten ‚emotionalen Erfahrungsgedächtnis‘ abgespeichert. So bezeichnet der Gehirnforscher Gerhard Roth sehr anschaulich eine der Aufgaben des limbischen Systems. Diese Funktionseinheit liegt zwischen Großhirn und Gehirnstamm und galt lange als unser „Emotionsgehirn". Mittlerweile weiß man, dass das limbische System unter anderem auch Einfluss auf Antrieb und Gedächtnis hat.

Die Fähigkeit, diesen Wissensspeicher überhaupt anzulegen, ist uralt. Schon zu Beginn der Steinzeit vor 1,2 Millionen Jahren waren unsere Vorfahren dazu imstande, abzuspeichern, wie es gerade geklappt hatte, dem Säbelzahntiger zu entwischen. Und sie vermochten aus dieser Erfahrung zu lernen.

Der Säbelzahntiger starb aus, das emotionale Erfahrungsgedächtnis blieb uns erhalten, zum Glück. Es enthält die umfassende Sammlung unserer gesamten Lebenserfahrung. In jeder neuen vergleichbaren Situation wird dieses Wissen blitzschnell wieder abgerufen und liefert den passenden Impuls zum Handeln.

Gespeichert werden alle Erfahrungen immer mit inneren Bewertungen – einer Art persönlicher ‚Stiftung Warentest‘. Wenn also irgendetwas in Ihrem Leben als „gut" einsortiert wurde, dann wird „darf auch gern wiederholt werden" angehängt. Der innere Impuls lautet deshalb „Her damit!" oder „Schnell hin!" Sollte die Sache aber schlecht verlaufen sein, dann bekommt sie den Stempel „Stopp! Meiden! Ablehnen!" Innerer Impuls also: „Weg hier!"

Diese Bewertungen haben vier Merkmale: Sie erfolgen nach dem einfachen Schema „hin oder weg"; sie sind biologisch; sie laufen blitzschnell ab und sie werden körperlich gespürt oder emotional gefühlt. Deshalb gab ihnen der Hirnforscher Antonio Damasio den Namen *somatische Marker* (Soma = griechisch der Körper).

Einige Elemente sind auf der Festplatte des Erfahrungsgedächtnisses schon bei der Geburt programmiert. Hierzu zählt zum Beispiel der Ekel vor grün verschimmeltem Essen. Ohne dass uns das jemand beibringen muss, spüren wir den Ekel körperlich und weichen meist instinktiv zurück.

Die Nutzung neuer bildgebender Verfahren, bei denen man dem Gehirn sozusagen beim Arbeiten zuschauen kann, führte in den letzten Jahrzehnten dazu, dass viele Thesen und Theorien in Medizin und Psychologie überarbeitet und aktualisiert werden konnten. Heute weiß man, dass die Fähigkeit, Informationen aus dem emotionalen Erfahrungsgedächtnis wahrzunehmen, unbedingt notwendig ist, um zu wissen, was man will oder auch nicht will.

Wir brauchen diesen inneren Kompass, um zu begreifen, was uns wichtig ist, was wirklich Bedeutung hat, was das Leben lebendig und erfüllt macht. Ohne diese Fähigkeit würden wir es nicht schaffen, ein Leben zu führen, in dem wir uns wohlfühlen und auf Dauer gesund bleiben.

Testen Sie mal: Wie fühlt sich Ihr Ärger an?

Lassen Sie uns das einmal live ausprobieren: Wie fühlen Sie sich gerade, wie geht es Ihnen emotional? Können Sie Ihr Gefühl beschreiben? Was nehmen Sie aus Ihrem Körper wahr?
Und nun erinnern Sie sich gezielt an eine Situation, in der Sie sich so richtig geärgert haben. Eine Situation, die Sie sehr aufgeregt hat und/oder Ihnen lange nachging.
Lassen Sie Ihre Erinnerungen lebendig werden: Wer war beteiligt? Was wurde gesagt und in welchem Ton? Was wurde vielleicht auch *nicht* gesagt oder getan, und war das vielleicht der Grund für ihren Ärger? Bitte erinnern Sie sich so lebhaft wie möglich. Nehmen Sie sich dafür ruhig ein bisschen Zeit.
Und wie fühlen Sie sich *jetzt*?
Es ist wahrscheinlich, dass Sie eine Veränderung wahrnehmen: Viele Menschen berichten von einer stärkeren Muskelanspannung oder einem aufsteigenden Hitzegefühl, manche spüren ihr Herz schneller schlagen oder fühlen sich, als sei ihr Blutdruck gestiegen. Und Sie?
Was Sie gerade erlebt haben, ist quasi die allgemeine Mobilmachung des Körpers, obwohl objektiv ja keinerlei Gefahr droht. Allein sich an die alte, üble Situation zu erinnern, hat blitzschnell Warnsignale aktiviert: Stopp! Weg da, das ist gefährlich!
Diese Warnsignale heißen *negative somatische Marker* und äußern sich auf vielfältige Weise, sei es, dass man kurz einen

Klumpen im Bauch spürt oder ein flaues Gefühl, sei es, dass man „soooo einen Hals" kriegt. Oder man ballt unwillkürlich die Fäuste.

Unser emotionales Erfahrungsgedächtnis hat also Zugriff auf alle Körperzellen. Körper und Psyche sind untrennbar miteinander verbunden. Falls es dafür noch eines Beweises bedurfte – da haben Sie ihn.

2.4 Wie das emotionale Erfahrungsgedächtnis mit uns kommuniziert: Hör mal, wer da spricht!

Die Marker, also die Erinnerungssignale, warnen uns vor Gefahr, das ist ihr Job. *Wie* sie sich äußern, ist hochindividuell, jeder Mensch nimmt sie anders wahr – nicht jedoch ihr grundsätzliches Auftreten. Bis auf wenige Ausnahmen empfinden und spüren fast alle Menschen diese negativen Signale (und die Ausnahmen haben meistens eine gravierende Verletzung des Gehirns hinter sich). Wenn wir sie spüren können, wissen wir genau, was wir *nicht* wollen! Stellen Sie sich den Ablauf in etwa so vor: Sobald Sie etwas wahrnehmen – und ob Sie es wirklich erleben, sehen oder hören, ob Sie es lesen oder sich erinnern, ist gleichgültig – erfolgt die Reaktion Ihres emotionalen Erfahrungsgedächtnisses. Sogleich, und damit meine ich den Bruchteil einer Sekunde, spielt es Ihnen hunderte bis tausende kleiner Filme mit Lebenserfahrungen vor. Jeder dieser Filme ist mit einer emotionalen Bewertung versehen, es klebt also eine Art unsichtbares Etikett darauf. Und je nachdem, welche Erinnerungen Sie an vergleichbare Situationen haben, erhalten Sie die Information „Stopp" oder eben „Go!"

„Wie soll das gehen", denken Sie vielleicht gerade, „das schaffen doch nicht mal die stärksten Hochleistungscomputer im Silicon Valley!"

Doch, das geht. Unser emotionales Erfahrungsgedächtnis verfügt über ungeheure Verarbeitungskapazitäten. Die Wissenschaft vermutet, dass diese die Verarbeitungskapazität des Verstandes um das 200 000fache übersteigen. Kaum zu glauben, oder? Denn daraus folgt ja auch: Gefühl schlägt Verstand um das 200 000fache. Pech für jene Menschen (zumeist männliche), die meinen und darauf bestehen, stets „objektiv" zu entscheiden. Was ja über Jahrzehnte in einer männlich geprägten Arbeitswelt Voraussetzung und Unterscheidungsmerkmal zugleich war und auch heute noch nachhallt. Doch der Wind hat sich längst gedreht, mittlerweile gilt: „Wer Entscheidungen nur mit dem Verstand fällt, bleibt unter seinen Möglichkeiten" (Antonio Damasio).

Zurück zum Bewertungsverfahren: Unwichtige Situationen erhalten schwache Bewertungen („zählt nicht, kann verblassen"). Einschneidende emotionale Erlebnisse mit anderen Menschen jedoch werden über sehr lange Zeiträume gespeichert. So kommt es, dass die Erinnerung an z. B. eine Demütigung, einen Unfall oder ein Verbrechen beim geringfügigsten Anlass wieder aufflammen und zur unkontrollierbaren Belastung werden kann. Tatsächlich bewusst wird uns das allerdings selten. Lassen Sie mich das an einem Beispiel deutlich machen:

Heute ist der erste Arbeitstag Ihres neuen Kollegen Mustermann. In dem Moment, als er Ihr Zimmer betritt, springt Ihr emotionales Erfahrungsgedächtnis an und checkt in einem Zeitraum von 200 bis 300 Millisekunden: Irgendwas bekannt an dieser Situation? Und ich wiederhole, es durchsiebt *sämtliche* vorhandenen Erinnerungen.

Mal angenommen, Sie hätten in der siebten und achten Klasse einen unangenehmen Englischlehrer namens Mister Devil gehabt, der großes Vergnügen daraus zog, Sie vorn an der Tafel zu blamieren. Mal weiter angenommen, der neue Kollege würde Mister Devil in irgendeinem Aspekt ähneln. Es muss nicht ums Aussehen gehen, es kann auch die Stimme betreffen oder die Art, sich zu bewegen – was auch immer in Ihrem Gedächtnis als ‚signifikant für Mister Devil' gespeichert liegt.

Und schon ist es passiert: Ihr emotionales Erfahrungsgedächtnis meldet: „Alarm, Gefahr in Verzug!"

Für einen winzigen Moment werden sich nun Ihre Gesichtsmuskeln kaum sichtbar verziehen (Sie erinnern sich, dieser Gehirnbereich hat Zugriff auf alle Körperzellen), vielleicht zuckt sogar der Gesichtsmuskel, der für den Ausdruck von Abscheu zuständig ist. Diese extrem kurzen, flüchtigen mimischen Reaktionen, sogenannte Mikroexpressionen, sind nur in Ultra-Zeitlupe klar erkenntlich; auf unbewusster Ebene jedoch bekommen die meisten Menschen diese Informationen mit.

Ihre völlig unbewusste Reaktion lautet also: „Oh, der ist mit Vorsicht zu genießen, da gehe ich wohl besser in Verteidigungsstellung ..."

Schon geht die Kettenreaktion weiter, nun reagiert ja wiederum Ihr neuer Kollege auf Ihre eigentlich nicht sichtbare emotionale Mimik – oder besser gesagt, sein Erfahrungsgedächtnis reagiert darauf! In der Zeitlupe ließe sich das hervorragend beobachten.

Und was sagt es? Klarer Fall: „Was ist denn das für eine? Da gehe ich mal lieber in Verteidigungsstellung." Die Chancen, dass Sie mit Ihrem Kollegen auch in der Folgezeit nicht sonderlich warm werden, stehen somit gut. Der erste Eindruck, für den es keine zweite Chance gibt – er ist unwiderruflich getroffen und bestimmt die (vermutlich von Misstrauen) geprägten Interaktionen der nächsten Zeit. Durchaus möglich, dass Sie Monate später einer Kollegin höchst zufrieden anvertrauen, Sie hätten es von Anfang an gewusst, der Mustermann sei ein Kollegenschwein, und ja, auf Ihre Menschenkenntnis sei schon immer Verlass gewesen.

Jetzt, wo Sie das alles wissen – werden Sie nun dem zweiten Eindruck eine größere Chance geben? Wir gehen im privaten und beruflichen Alltag ja immer wieder davon aus, dass wir doch nur auf die andere Person *reagieren* („Die war halt so komisch, deshalb musste ich doch …") und verkennen völlig, dass auch die andere nur auf uns reagiert. Ob es uns gefällt oder nicht, Kommunikation und Interaktion verlaufen immer im Wechsel, und zwar in Kreisform: Der Anfang lässt sich somit nicht bestimmen; jeder Beteiligte empfindet ihn an einem anderen Punkt.

Zudem spielen Mikroexpressionen sich innerhalb von Millisekunden ab: Wie sollen wir kleinen Menschlinge also entwirren, wer „angefangen" hat? Zumal wir gleichzeitig nicht die Spur einer Ahnung haben, welche uralte Erfahrung unsere mimische Regung ausgelöst hat.

Doch ohne diese Vor-Bewertungen geht es nicht, denn dann wären wir dem Leben praktisch hilflos ausgeliefert. Um uns tagaus, tagein in dem endlosen Strom persönlicher Entscheidungen zurechtzufinden, brauchen wir die Bewertungen via somatischer Marker, um schnell entscheiden zu können. Aber überprüfen sollten wir sie, unsere Vor-Urteile, und das immer wieder. Denn dass diese vorsortierten Informationen aus dem emotionalen Erfahrungsgedächtnis die Basis für die Tätigkeit unseres Verstandes liefern, ist gesicherter Fakt.

Vor ein paar Seiten hatte ich Sie gebeten, sich intensiv an eine Situation von Ärger zu erinnern, wissen Sie noch? Und aller Wahrscheinlichkeit haben sich bei Ihnen körperliche Warnzeichen gemeldet: Nachhall einer vergangenen Situation, in der Sie sich massiv geärgert haben. Dieser tritt umso stärker auf, je unzufriedener Sie mit Ihrem damaligen Verhalten sind.

Nun ist ja nicht jeder Ärger groß wie das Matterhorn; es gibt bekanntlich auch kleinen Ärger, nicht größer als ein Legostein. So ein Immer-wieder-Ärger kann zum Beispiel sein, jeden Tag zu erleben, dass der Partner trotz gegenteiliger Bitte seine Tasse nicht in die Spülmaschine stellt, sondern auf dem Küchentisch stehenlässt. Wiederholen sich diese kleinen Legostein-Ärgererlebnisse, haben sie allerdings eine ähnliche Wirkung wie ein stattlicher Matterhorn-Ärger: Sie türmen sich aufeinander, wachsen zu einem Gebirge heran und erzeugen eine ebenso heftige Reaktion.

Man geht davon aus, dass das emotionale Erfahrungsgedächtnis schon fünf Wochen nach der Zeugung zu speichern beginnt – dann sind menschliche Embryonen erst wenige Millimeter groß. Das erklärt bei eineiigen Zwillingen die kleinen Unterschiede, mit denen sie auf die Welt kommen: Der eine Zwilling hatte ein wenig mehr Platz im Mutterleib, der andere weniger; die eine kämpfte sich den Weg durch den Geburtskanal frei und die andere schlüpfte hinterher. Schon solche vorgeburtlichen Erfahrungen prägen unser Wesen.

Aus allen Erfahrungen, die Menschen in ihrem Leben machen, entstehen nach und nach im Gehirn Vorstellungen darüber, wie die Welt um uns „ist" und wie sich andere Menschen verhalten sollten. Werden diese Vorstellungen durch ein schwieriges Erlebnis erschüttert, dann bedeutet das eine Bedrohung, die wiederum zum Auslöser für eine unkontrollierbare Reaktion wird – etwa so, als hielte Ihnen jemand eine Pistole an die Schläfe.

2.5 Die großen Stressreaktionen: Kämpfen, fliehen, totstellen

D ie menschliche Phantasie hat eine bestimmte und außergewöhnliche Fähigkeit: Wir brauchen uns ein Ereignis lediglich *vorzustellen*, um eine schwere Stressreaktion auszulösen. Es genügt, wenn Sie an die nächste Begegnung mit Ihrem Erzfeind nur denken – Ihre somatischen Marker sorgen dann schon dafür, dass die entsprechenden Bewertungen ausgeschüttet werden. Der Körper reagiert sofort und mit allem, was er zur Verfügung hat, denn er will nur eins, nämlich dass Sie die Situation überleben können. Zu diesem Zweck stellt der Körper drei uralte Strategien zur Verfügung: kämpfen, fliehen oder erstarren („totstellen").

Malen Sie sich einmal folgendes Szenario aus: Ein schöner Tag beginnt und Sie haben das große Glück, später als üblich zur Arbeit zu müssen. Sie haben sich genüsslich Ihr Frühstück zubereitet, ungestört Zeitung gelesen und dabei schöne Musik gehört. Kurz bevor Sie aufbrechen, läuft noch ihr aktueller Lieblingssong. Besser geht's nicht! Beschwingt verlassen Sie die Wohnung.

Für das mehrstöckige Haus, durch dessen Treppenhaus Sie nun gehen, gilt, was für alle Mehrfamilienhäuser gilt: Nachbarn kann man sich nicht aussuchen. Heißt in diesem theoretischen Fall, in der Wohnung unter Ihnen lebt ein unangenehmer Zeitgenosse, der ständig hinter seiner Wohnungstür lauert und aufpasst, um jedwede Verfehlung anprangern zu können.

Da Sie das wissen, gehen Sie also leisen Schrittes die Treppe hinunter. Doch kaum an seiner Tür angelangt, springt er Ihnen in den Weg und schimpft lautstark: „Sie haben das Treppenhaus wieder nicht richtig gefegt! Und die Mülltonne hat Ihre Tochter auch schon wieder überfüllt!"

Falls Sie eben noch gute Laune hatten, dürfte sich das erledigt haben. Weg ist sie, tief in den emotionalen Keller gerauscht. Wenn Sie sich auf Ihrem Arbeitsweg jetzt auch noch durch Baustellen, Fahrbahnsperrungen und mehrere Ampelrückstaus quälen müssen, dann kommen Sie vermutlich mit unterirdischer Laune an ihrem Arbeitsplatz an.

Und genau in dem Moment, an dem Sie Ihren Schreibtisch erreichen, klingelt Ihr Telefon – und jemand schnauzt ohne Gruß und Einleitung eine Reklamation in Ihr Ohr. Wie werden Sie darauf reagieren, und fast noch interessanter, wie reagiert Ihr Körper?

Auf sie mit Gebrüll – die Kampfreaktion

Was nun geschieht, läuft ohne Ihr Zutun ab. Im Moment des Anschnauzers ist wahrscheinlich bereits entschieden, dass Sie sich jetzt *ärgern* werden. Die allumfassende Ursache für Ihren Zorn ist das Gefühl, gefährdet zu sein, ausgelöst durch die Bewertungs-Stationen in Ihrem emotionalen Erfahrungsgedächtnis. Ihr Körper macht sich bereit für einen Kampf. Sie ärgern sich, werden wütend, die Zornesröte steht Ihnen ins Gesicht geschrieben – alles Aspekte der Kampfreaktion.

Grob gesagt, schießt Ihre Energie in Ihre obere Körperhälfte. Atmung, Puls und Muskelaktivität werden über das sympathische Nervensystem angekurbelt. Theoretisch könnten Sie nun die Arme hochreißen und sich kraftvoll mit den Fäusten verteidigen.

Jetzt werden im Gehirn Botenstoffe ausgeschüttet, die für einen raschen, kurzfristigen Energieschub sorgen. Gleichzeitig kommt es zu einer Ausschüttung der Stresshormone Adrenalin (was uns blitzartig in einen hellwachen Zustand bringt) und Cortisol (das stellt die Energieversorgung des Gehirns sicher, unseres zum Überleben wichtigsten Organ). Alle Energiereserven werden mobilisiert, Blutdruck und Muskelanspannung steigen, während nicht überlebenswichtige Funktionen (z. B. Verdauung und Immunabwehr) unterdrückt werden. Eine wahre Kaskade von Stoffwechselprozessen, die da in Gang gesetzt wird, um die Gefahr bewältigen zu können! Und wenn bei einem Gegenüber jetzt die Adern an der Schläfe sichtbar zu pulsieren beginnen ... dann wissen wir, dass es Zeit für den Rückwärtsgang ist. Oder für ein paar beschwichtigende Worte.

Rette sich wer kann – die Fluchtreaktion

Der Tag, der so erfreulich begann und vom motzenden Nachbarn verdorben wurde, hätte aber auch anders verlaufen können. Hier also Variante 2 des Szenarios: Nach mehreren nervigen Ampelstaus haben Sie gerade Ihr Büro erreicht. Am Schreibtisch angelangt, klingelt sogleich das Telefon. Noch etwas atemlos heben Sie ab und Ihr Chef schnauzt Sie grußlos an: „Was bilden Sie sich eigentlich ein? Bei der letzten Besprechung habe ich doch ganz klar gemacht, dass ...!"

Augenblicklich rutscht Ihnen vor Schreck das Herz in die

Hose, denn genau das, was der Chef sehen wollte, haben Sie vergessen. Das ist leider ein richtig dickes Ding. Und was passiert? Sie werden bleich vor Furcht.

Ihr Gehirn hat im Bruchteil einer Sekunde entschieden: Zu gefährlich, dieser Gegner! Somit rauschen Blut und Energie nach unten in die Beine; dort werden sie gebraucht, damit Sie schnell abhauen können. „Flucht!", lautet das Kommando also. Am liebsten würden Sie den Telefonhörer fallenlassen und einfach verschwinden, statt sich weiter diese ungehaltene Abrechnung mit Ihrem Versäumnis anzuhören. Doch der Chef sitzt am längeren Hebel, Ihren Fluchtreflex müssen Sie unterdrücken.

In weniger dramatischen Szenarien kann sich eine Fluchtreaktion auch in folgendem Verhalten zeigen:

- Sie schlagen die Einladung zu einer Feier oder einem Abendessen aus, weil Sie nicht wissen, welche anderen Gäste Ihnen begegnen könnten.
- Oder Sie verlassen sofort den Raum, sobald ein Meeting offiziell beendet ist. Denn damit verhindern Sie geschickt, dass jemand Sie ansprechen könnte – und Sie sich eventuell einer Nachfrage stellen müssen.

Wie zur Salzsäule erstarrt – „einfrieren" oder „totstellen"

Bitte spulen Sie den Film ein weiteres Mal zurück bis zur Ankunft im Büro. Das Telefon klingelt, erneut schnauzt Ihr Chef Sie ohne Begrüßung an: „Was bilden Sie sich eigentlich ein? Bei der letzten Besprechung habe ich doch klar gemacht, dass …!" Nur, er irrt sich! Sie *haben* alles genau so gemacht wie von ihm vorgegeben – warum schreit er Sie jetzt an? Natürlich versuchen Sie, die Sachlage zu erklären, doch lässt er Sie nicht zu Wort kommen. Vielmehr hackt er auf Ihnen herum, zerpflückt gezielt Sie und Ihren Charakter, so wie schon vergangene Woche und in der Woche davor.

Hilflos ertragen Sie das verbale Artilleriefeuer. Wehren können Sie sich nicht, kündigen können Sie nicht, stumm lassen Sie es über sich ergehen.

Wenn wie in diesem Beispiel Stress als überwältigend und unkontrollierbar wahrgenommen wird, dann bleibt als letzte Reaktionsmöglichkeit nur noch das Totstellen. Wir erstarren förmlich, der Mensch ergibt sich und resigniert.

In realen Gefahrensituationen kann diese Reaktion hilfreich, gar lebensrettend sein, zum Beispiel bei Unfällen oder traumatisierenden Situationen. Dann wird der Puls heruntergefahren, Denken und Schmerzempfinden schalten kurzzeitig ab und Erinnerungen sind später kaum oder gar nicht vorhanden.

Im Berufsalltag ist das „Einfrieren" jedoch eher ungünstig. Diese Reaktion beraubt uns ja unserer Möglichkeiten, adäquat zu reagieren, da wir keinen Zugriff mehr auf unsere Kompetenzen haben.

Auch folgendes Verhalten gehört zur Totstell-Reaktion:

- Sie beobachten, wie jemand einen Autounfall baut oder mit dem Fahrrad stürzt – und bleiben wie angewurzelt stehen und schließen die Augen. Vielleicht halten Sie sich sogar die Hände vors Gesicht.
- Ihr Chef oder Ihre Dozentin stellt Ihnen eine Frage, auf

die Sie die Antwort nicht kennen. Statt „Das weiß ich nicht" zu sagen, bleiben Sie stumm sitzen und zeigen keine Reaktion.

Ein kleiner Exkurs: Mobbing und die Folgen

Und dann gibt es noch Mobbing. Echtes Mobbing ist immer die totale Ausgrenzung einer Person aus einer Gruppe. Für das Gehirn der GAU, denn unser emotionales Erfahrungsgedächtnis verfährt auch hier nach den Überlebensstrategien aus der Urzeit.

Mal angenommen, Sie und ich und ein paar andere lebten in der Steinzeit zusammen in einer Höhle. Die Gruppe hätte gerade getagt und einen Beschluss gefasst: „Mit dir wollen wir nicht mehr zusammenleben, so wie du schnarchst. Nicht noch einen weiteren Winter – also raus mit dir!" In der Urzeit entsprach das dem Todesurteil. Denn um die Ecke wartete der Säbelzahntiger, gleichzeitig herrschten eisige Temperaturen und es war unmöglich, Vorräte für mehrere Monate mitnehmen.

Doch selbst in unserem neuzeitlichen Gehirn ist die Information noch immer sehr präsent, dass soziale Ausgrenzung brandgefährlich ist.

Drastisches Beispiel ist für mich eine junge Frau, die ich über einen längeren Zeitraum im Coaching begleitet habe. Nie hatte sie gelernt, für sich einzustehen oder sich gegen Schikanen am Arbeitsplatz zu wehren. Fast vier Jahre hielt sie das Mobbing aus, und so unvorstellbar es klingt: Am Schluss saß sie mit ihrem Schreibtisch in einem Besenschrank. Es liegt fast auf der Hand, dass sie selbst nicht mehr die Kraft fand, zu kündigen.

Stattdessen erledigte ihr Körper das für sie. Sie erkrankte schwer und wurde arbeitsunfähig.

Kurz zusammengefasst: Ärger entsteht also im Gehirn, bei Stress und als Teil der Kampfreaktion. Aktiviert wird er durch Bewertungen im emotionalen Erfahrungsgedächtnis. Diese Reaktion erfolgt im Bruchteil einer Sekunde. Erst etwa eine halbe Sekunde später sind wir imstande, bewusst zu denken und zu reagieren.

2.6 Amygdala lässt grüßen: Ihr Panikschalter im Gehirn

Wer vom Überleben spricht, denkt in erster Linie an körperliche Unversehrtheit. Ein Gefährdungssignal kann aber nicht nur von einer direkten körperlichen Bedrohung ausgehen, sondern auch von einer *symbolischen* Bedrohung, zum Beispiel der Selbstachtung oder der Würde. Das passiert häufiger, als man denken möchte, und es passiert immer dann, wenn man ungerecht oder schroff behandelt wird, ebenso bei Beleidigungen und Erniedrigungen.

Dann springt unser emotionaler Wachposten im Gehirn an, die Amygdala, auch „Mandelkern" genannt. Sie ist paarig angelegt und Teil des limbischen Systems. Die Amygdala prüft zu jeder Sekunde alles, was sich ereignet, jede Situation, jede Wahrnehmung, jeden Impuls. Und sie hat dabei nur eine Frage im Sinn: „Ist das etwas, das ich nicht ausstehen kann, das mich kränkt, das ich fürchte?" Falls ja, reagiert sie augenblicklich. Denn sie erhält schnelle, wenn auch unscharfe Signale direkt von unseren Sinnesorganen, ehe der jeweilige Impuls im Neokortex, also unserem denkenden Gehirn, überhaupt vollständig registriert wurde.

Die Amygdala kann über diesen Weg schon eine emotionale Reaktion auslösen, während noch Signale zum Neokortex hin und her gehen. Damit kann sie uns zum Handeln veranlassen, während der langsamere, aber vollständiger informierte Neokortex noch damit beschäftigt ist, seinen verfeinerten Plan für eine Reaktion aufzustellen.

Diese anatomische Unabhängigkeit führt dazu, dass die Amygdala emotionale Eindrücke und Erinnerungen bewahrt, von denen wir nie bewusst Kenntnis genommen haben. Und die uns in einer Situation – im späteren Rückblick – unangemessen reagieren lassen. Vielleicht ärgern wir uns dann über uns selbst, vielleicht schämen wir uns auch. Doch nun wissen Sie, dass dahinter der Panikschalter Ihres Gehirns steckt: Zuerst handeln und dann nachsteuern, das erhöht die Chance zum Überleben! Der New Yorker Hirnforscher und Neurowissenschaftler Joseph LeDoux spricht hier davon, dass es nur zwei Sorten von Menschen gibt: die schnellen und die toten.

Denken Sie gerade: „Na gut, da kann man also nichts machen?" Entbindet uns diese biologische Reaktion also von einer Veränderung unseres Verhaltens? Auf keinen Fall! Doch bevor wir uns umzuschauen beginnen, wie diese Veränderung aussehen könnte, brauchen wir noch ein wenig mehr Wissen über die körperlichen Abläufe.

Gehen wir kurz zurück ins Treppenhaus des Wohnhauses, zurück zum schimpfenden Nachbarn. Dessen unerwarteter Überfall nach dem perfekten Frühstück hat Ihre Laune im Keller versenkt, parallel ist Ihr ganzer Körper in Alarmbereitschaft versetzt. Das heißt, Sie befinden sich in einem Erregbarkeitszustand, auf dessen Grundlage sich weitere Reaktionen besonders rasch aufbauen können. Diese hormonell herbeigeführte Gereiztheit erklärt, warum Menschen sehr viel stärker zu wütenden Reaktionen neigen, wenn sie bereits verärgert sind oder provoziert wurden.

Und nun, in diesem Zustand am Schreibtisch angekommen, haben Sie den ungehaltenen Anrufer in der Leitung. Bei den meisten Menschen greift zum Glück die professionelle Haltung; wir beherrschen uns, beißen eventuell die Zähne zusammen und bemühen uns um eine einigermaßen sachliche Antwort. Jede weitere Störung jedoch unterfüttert die Verärgerung. Verhaltensweisen, die wir normalerweise belächeln würden, reizen uns nun massiv. Immer mehr und immer weiter schaukelt sich unsere Entrüstung hoch: Wir sind damit in der Ärgerspirale gefangen.

Wenn Sie sich nun abends in *diesem* Zustand durch den Berufsverkehr nachhause zurückkämpfen, käme Ihnen der Nachbar gerade recht, der würde jetzt wahrlich was erleben! Doch keine Spur vom Nachbarn, während Sie laut durch das Treppenhaus stampfen. Sie öffnen Ihre Wohnungstür – und fallen fast über den Schulranzen Ihres achtjährigen Kindes.

Wie realistisch ist es, dass Sie nun in zugewandt-freundlichem Ton „Mein süßer kleiner Racker, hast du mal wieder vergessen, deinen Ranzen wegzuräumen?" säuseln? Die Chancen liegen etwa bei 5 zu 95. Und das auch nur, wenn es gut läuft.

Viel wahrscheinlicher ist, dass Sie jetzt emotional explodieren, dass Sie ausgerechnet die Menschen beschimpfen und anmotzen, die Sie am meisten lieben. Hinterher sind die meisten Menschen zutiefst beschämt, so entgleist zu sein, sich so „vergessen" zu haben.

2.7 Männer sind anders, Frauen auch – Über die Unterschiede beim Ärgern

Männer brüllen, Frauen zicken und schmollen – so will es das Klischee. Doch stimmt das überhaupt? Wahrscheinlich würden die meisten Menschen die Frage, ob Männer und Frauen sich unterschiedlich ärgern, bejahen. Und die Wissenschaft stimmt hier auch zu, mit einer Voraussetzung: Man sollte großzügig sein beim Verallgemeinern. Bitte betrachten Sie also die folgenden Aussagen nicht mit dem Anspruch wissenschaftlicher Präzision; sie gelten „im Allgemeinen". Und Ausnahmen sind auch hier die Regel.

Falls Sie wie die meisten Menschen annehmen, an den Unterschieden zwischen Männern und Frauen seien die Gene schuld, dann liegen Sie knapp daneben. Dass Männer anders denken, anders fühlen und sich anders verhalten als Frauen, kann damit nicht erklärt werden. Es ist ja lediglich das Y-Chromosom, was Männer und Frauen unterscheidet.

Dieses Y-Chromosom ist deutlich kleiner als ein X-Chromosom und enthält auch erheblich weniger Erbinformationen. In Zahlen gesprochen, treten die etwa 86 Gene des Y-Chromosoms gegen rund 2.000 beim X-Chromosom an. Die „restliche" genetische Ausstattung (bestehend aus 45 anderen Chromosomen mit etwa 30.000 Genen) ist bei Männern und Frauen gleich.

Genetisch kommen wir als Individuen auf die Welt, dennoch sind es nicht die Gene auf dem Y-Chromosom, die die Unterschiedlichkeit von Körper und Gehirnstruktur bewirken. Bis zur fünften Woche sind übrigens alle Embryos zwittrig. Erst ab diesem Zeitpunkt entwickelt sich das Geschlecht des Kindes. Bei einem männlichen Embryo wandelt ein kleines Gen am äußeren Ende des Y-Chromosoms die anfangs geschlechtsneutralen Keimdrüsen in Hoden um.

Bisher vermutete man vor allen Dingen den Einfluss des Hormons Testosteron für den unterschiedlichen Aufbau des Gehirns. Doch auch Mädchen bilden (neben Östrogen) Testosteron und umgekehrt. Was ist es also, das Männer und Frauen unterschiedlich werden lässt? Ist es womöglich die Erziehung, die einen Mann zu einem „typischen" Mann macht oder eine Frau zu einer „typischen" Frau (wobei sich selbstverständlich über das Wort „typisch" trefflich diskutieren lässt).

Doch auch das kann nicht bestätigt werden. Vielmehr sorgen zwei bestimmte Faktoren vornehmlich dafür, wie sich ein Gehirn und eine Persönlichkeit entwickeln: einerseits eine sehr feine Wechselwirkung aus Anlage und Umwelt, andererseits die Art, *wie* das Gehirn genutzt wird. Das heißt, das Gehirn entwickelt sich so, wie Mann oder Frau es benutzt. Alles, wofür sich der Mensch interessiert und was mit Erfolg ausprobiert wurde, gestaltet die Vernetzung der Nervenzellen und formt damit unser Gehirn. Diese Formbarkeit (Plastizität) bleibt uns lebenslang erhalten. Wie wir mit dem Ärger umgehen, hat also mit der Nutzungsweise unseres Gehirns zu tun.

In seinem Buch „Männer – Das schwache Geschlecht und sein Gehirn" vergleicht Gerald Hüther das mitgebrachte Potenzial der gemeinsamen genetischen Anlagen mit einem großen Orchester. Dieses ist bei Jungen und Mädchen schon bei der Geburt unterschiedlich strukturiert, so der Neurobiologe Hüther. Die harmonischen, melodietragenden Instrumente stehen bei den Mädchen im Vordergrund. Im Gehirn von kleinen Jungen kommen diese nicht so richtig durch, denn dafür sitzen zu viele Pauken und Trompeten in der ersten Reihe. Diese unterschiedliche Organisation und Struktur sorgen dafür, dass sich (erneut verallgemeinert) die meisten Jungen von Anfang an anders verhalten.

Sie lenken ihre Aufmerksamkeit und Begeisterung auf andere Dinge als Mädchen, wodurch sich wiederum ihr Gehirn anders entwickelt. Wenn nun aber Pauken und Trompeten im Vordergrund stehen statt Querflöten und Klarinetten, ergeben sich bestimmte Konsequenzen: Nicht nur, dass ab der Pubertät Jungen über mehr körperliche Kraft verfügen als Mädchen, als Erwachsene wollen sie sich auch häufiger im Tun beweisen als Frauen. Statt sich um eine Innenschau zu kümmern, sind sie stärker auf das aktive Lösen von Problemen im Außen aus. Ihre psychischen Probleme leben sie manchmal auch aggressiv aus. Sie werden eher zu Explodierern.

Liebe Frauen, liebe Männer,
das bedeutet: Wir haben verschiedene Arten mit der Welt umzugehen! Keine davon ist besser oder schlechter, sie sind einfach anders.

Liebe Frauen,
bitte denkt daran, wenn ihr das nächste Mal mit einem Mann streitet: Vor euch steht ein Mann, keine verkleidete Frau! Das

bedeutet, dass er die Welt tatsächlich anders sieht, weil er anders denkt und anders fühlt. Vieles, was euch unverständlich ist, macht er nicht, um euch zu ärgern. Er tut es, weil das seinem Naturell entspricht.

Liebe Männer,
dies ist nun allerdings kein Freifahrtschein, um nicht dazulernen zu müssen! Die Erkenntnisse der Hirnforschung zeigen deutlich, dass unser Gehirn lebenslang veränderbar ist. Wenn also eine Verhaltensweise immer wieder zu Streit und Unglück führt, könnt ihr dieses Verhalten verändern. Ja, das ist nicht leicht und kostet Zeit. Außerdem müsst ihr euch darüber klar werden, was ihr wirklich wollt. Und hier unterscheidet ihr euch kaum von den Frauen: Beide Geschlechter wünschen sich ein glückliches Leben mit stabilen Beziehungen, mit Lieben und Lachen.

Manchmal fährt man sich aber fest im „So bin ich aber!" – dann braucht es Hilfe von außen. Ich kann hier nur dazu ermuntern, sich Unterstützung und Begleitung von einem Therapeuten oder einem gut ausgebildeten Coach zu holen – auch wenn dies Männern deutlich schwerer als Frauen fällt.
Doch zurück zum Ärger, zurück zu den unterschiedlichen Orchestern im Gehirn. Die Überzahl von Pauken und Trompeten ist verantwortlich dafür, dass viele Männer ihren Ärger aktiver ausdrücken – wohingegen sich die meisten Frauen mit ihren harmonischen Instrumenten im Vordergrund eher passiv zeigen. Sie schlucken Ärger häufig herunter und werden dadurch eher zu Implodierern.

Und schon mein persönliches Bekenntnis zum Rumpelstilzchentum zeigt, dass auch diese Aussage nur eine Verallgemeinerung ist.

Da im männlichen Gehirn bestimmte Areale des Frontalhirns weniger stark ausgebildet sind, scheint es Männern im Schnitt schwerer zu fallen, Impulse aus den uralten Überlebensmustern zu kontrollieren (siehe Kapitel 2.5, „Die großen Stressreaktionen"). Wenn hier in der Kindheit keine Erziehung unterstützend und stabilisierend einwirkt, führen die geringere emotionale Selbstkontrolle und eine übersteigerte Impulsivität schnell zu cholerischem Verhalten.

Kommt jetzt noch ein gesellschaftlich vorgegebenes Rollenbild dazu, in dem stark in Hierarchien gedacht und Dominanz als etwas Erstrebenswertes gilt, gerät dieser Mann ganz schnell in Konflikt mit der Umwelt.

Doch vor Wut zu toben ist kein Blitzableiter. Wie solcherart ausgelebter Ärger der Gesundheit schadet, lesen Sie im Kapitel 2.9, „Ärger macht krank".

Wenn bei einem Mann auf einmal massive Schlafstörungen auftreten, wenn er gereizt und aufbrausend reagiert und wie aus dem Nichts Wutanfälle bekommt, ist das ein ernstzunehmendes Alarmzeichen. Hier ist professionelle Unterstützung angesagt: Denn unter dem Verhalten eines Wüterichs liegen häufig Angst und Depression. Diese führt bei Männern mindestens dreimal so häufig zu einem Selbstmord wie bei Frauen, so Dr. Anna Maria Möller-Leimkühler, Professorin für sozialwissenschaftliche Psychiatrie, in ihrem Buch „Vom Dauerstress zur Depression: Wie Männer mit psychischen Belastungen umgehen und sie besser bewältigen können".

Wut, Ärger und Zorn können wie ein Korken wirken, der noch unangenehmere Gefühle – zum Beispiel Angst, Scham oder Überforderung – zurückhält. Die eigene Wut auszuleben, erlaubt dagegen einem Menschen, sich lebendiger zu fühlen: Dies wird häufiger von Männern praktiziert, gilt aber für beide Geschlechter. Männer wie Frauen profitieren also von einem klugen Umgang mit diesem feurigen Gefühl.

2.8 Nährboden für Ärger: Die fünf großen Trigger

„Wut ist ein krudes Gefühl, eine mächtige Kraft, oft nur schwer zu unterdrücken. Damit sie sich bemerkbar macht, genügt es, dass nur ein paar Dinge nicht so laufen, wie wir uns das vorgestellt haben." (Giovanni Frazzetto)

So viel wissen wir bereits: Ärger ist eine biologische Reaktion. Sie wird aktiviert, wenn wir in eine Situation geraten, in der wir uns z. B. gefährdet fühlen. Übertragen auf unser heutiges Leben bedeutet das: Ärger macht Sie auch darauf aufmerksam, dass etwas für Sie nicht „passt" und sich falsch anfühlt. Es genügt, dass nur ein paar Dinge nicht so laufen, wie man sich das vorgestellt hat.

Nehmen wir dazu ein alltägliches Beispiel, nämlich die gängigen Ereignisse auf einer gewöhnlichen deutschen Autobahn. Wenn zum Beispiel ein Sprinter-Fahrer die Spur wechselt, ohne zu blinken, und ganz knapp vor mir einschert, werde ich blitzschnell wütend. Für diese biologische Reaktion kann ich nichts – die Amygdala hat sich für eine Kampfreaktion entschieden, noch ehe ich „nüchtern" denken kann. So weit, so klar.

Schaut man jedoch genauer hin, dann offenbart sich peu à peu, dass es in meinem Nervensystem schon im Vorfeld vorn und hinten nicht gestimmt hat. Als Anschauungsmodell möge hier ein (fiktiver) Morgen im Leben der Carmen R. dienen.

Nach einer unruhigen und viel zu kurzen Nacht schrillt der Wecker unmittelbar in eine Tiefschlafphase hinein. Ach, denke ich, bitte nur noch einmal die Augen zumachen … Dreimal landet meine flache Hand auf der Schlummertaste und verschafft mir ein paar Minuten des friedvollen Dösens. Dann, es hilft ja alles nichts, quäle ich mich aus dem Bett. Und noch auf der Bettkante sitzend fällt mir siedend heiß ein, dass ich gestern noch zwei Dokumente hatte ausdrucken wollen.

Jetzt aber, höchste Zeit! Hektisch renne ich in der Wohnung herum, von der Kaffeemaschine zum Badezimmer und von dort retour ins Schlafzimmer. Sollte mir jetzt ein Familienmitglied in die Quere kommen, das arglos Dusche und Waschbecken für sich beansprucht, wird der arme Mensch zweifellos Ungemütliches erleben. Denn eine wesentliche Vorbedingung für Ärger ist bereits geschaffen: **Hektik und Zeitdruck!**

Dazu kommt der **Schlafmangel**: Schon eine einzige Nacht mit zu wenig Schlaf genügt, um Stimmung, Konzentration, Aufmerksamkeit und Leistungsfähigkeit zu beeinträchtigen. Schlafmangel verändert nachweisbar den Gehirnstoffwechsel. Wenn solche kurzen Nächte sich wiederholen, laufen wir Gefahr, schneller von Kleinigkeiten genervt zu sein. Dann überreagieren wir und machen zum Beispiel – oft unerklärlich für unsere Mitmenschen – aus Mücken Elefanten. Auch Tränen fließen schneller.

Hält dieser Zustand des Schlafmangels länger an, dann übernimmt irgendwann die **Erschöpfung** das Kommando; das System Mensch schaltet in den Überlebensmodus. Unverkennbar zu bemerken an einer gereizten Grundstimmung, an mürrischen, überzogenen Reaktionen, an simmerndem Ärger. In diesem Fall sind das klare Alarmzeichen, nämlich für einen kurz bevorstehenden Burnout. Ärger ist ein Warnsignal, er meldet deutlich: Mensch, ändere etwas! Eigentlich liegt es ja fast auf der Hand.

Das Erstaunliche ist, dass viele Menschen an diesem Punkt konträr reagieren. Statt die Notbremse zu ziehen, verschärfen sie ihre selbstauferlegte Schlagzahl noch, treiben sich weiter an und geißeln sich gleichzeitig mit Selbstkritik. Als Krönung der Fehlentwicklung ärgern sie sich womöglich noch über sich selbst: Weil sie, längst hilflos in der Überforderung rudernd, nicht alles geschafft bekommen!

Sollten Sie sich hier ansatzweise wiedererkennen, dann nutzen Sie Ihren Ärger, um herauszufinden, wovor er Sie warnen will. Vielleicht brauchen Sie dabei Unterstützung von einem anderen Menschen. Denn wir alle sind betriebsblind, wenn es um uns selbst geht.

Ein anderer Mensch – egal ob Freundin oder Coach – vermag klarer zu erkennen, ob und in welcher Falle wir sitzen oder ob wir uns an gewissen Punkten unseres Denkens etwas vormachen.

Dem Ärger auf den Grund gehen

Ab und an bricht es aus uns heraus: Zorn, Frust, Verzweiflung. Eine Zeit lang sind wir dann das Opfer heftiger Emotionen. Wenn Sie solche Überreaktionen kennen und vermeiden wollen, lade ich Sie ein, sich mit deren Auslösern – den sogenannten Triggern – vertraut zu machen.

Trigger sind Reaktionsmuster auf emotionale Überforderung, die aus der Vergangenheit stammen, also sozusagen wunde Punkte aus früheren Jahren. Wenn sie gereizt werden, überreagieren wir fast immer. Sei es, dass wir die Beherrschung verlieren und (verbal) um uns schlagen, sei es, dass wir implodieren, weil wir uns von den Geschehnissen überwältigt fühlen und innerlich erstarren. Jedenfalls finden wir in diesem Moment keinen Zugang zu unserem Denken und zu unserer Fähigkeit, Probleme kreativ zu lösen. Dann erscheint die aktuelle Schwierigkeit unlösbar und/oder die Beziehung zu dem Menschen, mit dem man sich gerade herumärgert, völlig wertlos. Eigentlich wollen wir nur eins: weg von hier!

Nun ist es ein Fakt, dass Gefühle uns normalerweise mit Informationen versorgen, die wir brauchen, damit es uns gut gehen kann: Jedes Mal, wenn wir uns eines Problems in unserem Leben bewusst werden, haben wir auch die Möglichkeit, es zu lösen. Nicht so im Stadium der Überreaktion! Der frisch aktivierte wunde Punkt katapultiert uns zurück in die Vergangenheit, zurück in eine ähnliche Situation, in der wir damals vollkommen überfordert waren. Hier mischt sich natürlich auch das emotionale Erfahrungsgedächtnis wieder ein.

Und das Resultat? Von einer Sekunde zur anderen fühlen wir uns nicht mehr wie gestandene Erwachsene, die schon vieles erlebt und gemeistert haben, sondern fallen wie ferngesteuert zurück in kindliche Verhaltensmuster.

Zum Glück gibt es heute viele Methoden, die in sehr kurzer Zeit Trigger auflösen können und neue Verhaltensweisen ermöglichen. Im Anhang finden Sie eine kleine Auswahl schnell und nachhaltig wirkender Interventionen: Zum Beispiel PEP (Prozess- und Embodimentfokussierte Psychologie, die eine Variante der Klopfakupunktur ist). Oder EMDR (Eye Movement Desensitization Reprocessing, eine etablierte Psychotherapiemethode aus der Traumatherapie, die über geleitete Augenbewegungen wirkt). Kinesiologie (ein ganzheitliches energetisches Diagnose- und Heilverfahren, das Blockaden lösen und Stress abbauen kann) und nicht zuletzt Wingwave ® (ein Leistungs- und Emotions-Coaching, das spürbar und schnell Blockaden und Leistungsstress ab- und Kreativität und Konfliktstabilität aufbaut).

Neid, **Zurückweisung**, **Kritik** und **Kontrollverlust**: Dies sind die vier großen Trigger, um Ärger heraufzubeschwören und auszulösen. So beschreibt es Dr. Judith Siegel, Professorin an der New York University Silver in ihrem Buch „Stop Overreacting: Effective Strategies for Calming Your Emotions".

Neid

Neid kann ein mieses Gefühl sein. Er erwacht leicht, sobald ein anderer etwas bekommt, was uns verweigert wird, oder wenn einer anderen Person etwas gelingt, was wir selbst nicht hinkriegen. Auch wenn wir meinen, zu kurz zu kommen, springt der Neid aus seinem Verschlag in der Amygdala und grinst uns höhnisch an. Dann – erst leise und zunehmend lauter – ruft es in uns nach Rache und Wiedergutmachung.

Bei den Implodierern erwachen vielleicht Selbstzweifel und

der Wunsch nach Rückzug. Auf alle Fälle ist Neid kein glanzvolles Gefühl. Zudem hat er einen üblen sozialen Ruf: Wer will schon ein „Neider" sein?

TIPP: Wie sich eine Neid-Attacke abfangen lässt
Machen Sie sich klar, dass Neid ein ganz normales menschliches Gefühl ist: Wir alle sind hin und wieder neidisch. Doch verhindern Sie, dass er Ihre Entscheidungen und Handlungen bestimmt. Lernen Sie deshalb aufsteigenden Neid frühzeitig wahrzunehmen. Fühlen Sie sich benachteiligt, gekränkt oder herabgesetzt? Oder erinnert Sie die Situation an ein vergangenes Erlebnis, bei dem Sie sich auf schlimme Weise übergangen fühlten?

Achten Sie dabei auch auf Ihren Körper: Spüren Sie eine plötzliche Anspannung im Oberkörper, oder vielleicht ein Verkrampfen der Muskeln? Jetzt ist ein guter Zeitpunkt, um die Klopfakupunktur-Übung (siehe Seite 80) auszuprobieren. Sie kann Sie schnell aus dem unguten Gefühl herausholen.

Zurückweisung

Das Gefühl, von anderen abgelehnt zu werden, ist für unser Gehirn so schrecklich wie bedrohlich. Kein Wunder eigentlich – in der Urzeit aus der Gruppe ausgeschlossen zu werden, war im Prinzip das Todesurteil. Auch im Mittelalter wurde das nicht viel besser: Wer im feindlichen Gebiet überleben wollte, tat gut daran, in der Gruppe zu bleiben. Und auch wir sind als

Kinder voll und ganz auf unser „Rudel", also die Familie an-
gewiesen gewesen.

Jemand hat Sie nicht gegrüßt, oder im Meeting hat Chef Mus-
termüller Ihre Wortmeldung geflissentlich überhört? Sie wun-
dern sich, dass Ihnen das richtig wehtut? Dass solch vermeint-
lich unbedeutende Begebenheiten buchstäblich schmerzen, ist
jedoch normal: Denn das Gehirn ordnet Zurückweisung ähnlich ein wie echten körperlichen Schmerz. Das heißt, ausgeschlossen zu sein, tut tatsächlich weh. Und dieses Gefühl, ver-
schmäht und abgelehnt zu werden, aktiviert nun wiederum
leicht Wut und Ärger: Je nach Naturell entweder in Form eines
impulsiven Ausbruchs oder – bei den Implodierern – im Ge-
wand lähmender Mutlosigkeit.

*TIPP: Wie Sie bei Zurückweisung schneller wieder in Ihre
Mitte kommen*

Machen Sie sich klar, dass Sie kein kleines Kind mehr
sind, sondern eine gestandene, kompetente, erwachsene
Person. Ihr Überleben ist nicht bedroht, selbst in der maximal zurückweisenden Situation Mobbing. Bitte erinnern Sie sich daran, dass die unangenehmen Gefühle aus
Ihrem emotionalen Erfahrungsgedächtnis stammen. Dieses hängt häufig noch in alten gefährlichen Zeiten fest –
und zieht Sie immer wieder zurück. Tatsächlich *haben* Sie
natürlich die Möglichkeit, selbstbestimmt Ihr Leben zu
ändern, egal was Ihnen Ihr Erfahrungsgedächtnis gerade
souffliert. Verharren Sie daher nicht in Ihrem Schmerz

und Selbstmitleid, sondern drehen Sie den Spieß buchstäblich um. Wie wollen Sie die Situation haben? Schreiben Sie ein neues Drehbuch! Ändern Sie das, was Sie ändern können. Der Clou daran: Der Prozess beginnt mit ihrer körperlichen Haltung: Richten Sie sich auf, so dass Sie Stolz und Selbstbewusstsein ausstrahlen. Diese Haltung wirkt auch nach innen und gibt Ihnen Kraft.

Kritik

Wohl niemand lässt sich gern kritisieren. Wer jedoch dazu neigt, scharf mit sich selbst ins Gericht zu gehen, erlebt Kritik in der Regel als Attacke. Dann bedroht diese Kritik unmittelbar das Selbstwertgefühl. Bei Explodierern löst das häufig Wut und einen Gegenangriff aus. Bei Implodierern werden eher Scham- und Schuldgefühle geweckt. Besonders empfindlich reagieren hier übrigens Narzissten; diese sind bei Kritik enorm verwundbar. Denn Narzissten zeichnet nicht ein Übermaß, sondern vielmehr ein Mangel an Selbstsicherheit aus. Die eigenen Schwächen werden verdrängt, zu scheitern empfinden sie als Katastrophe.

TIPP: Besser klarkommen mit Kritik
Wenn Sie das Gefühl haben, bei Kritik leicht überzureagieren, dann könnte eine überhöhte Erwartungshaltung sich selbst gegenüber (und anderen) die Ursache sein. Um hier zu einer anderen Sichtweise zu kommen, braucht es die Beschäftigung mit dem Thema „Erwartun-

gen". Zum einen mit den Erwartungen, die man von anderen spürt oder zu spüren meint, zum anderen mit den Erwartungen, die man an sich selbst stellt.

Riskieren Sie doch mal einen realistischen Blick darauf, dass Sie ein Mensch sind. Der Versuch, alles richtig oder es allen recht zu machen, führt direkt in die Perfektionsfalle. Außerdem verlangt er Ihnen Übermenschliches ab. Machen Sie sich also klar, dass Sie nicht mehr von sich fordern müssen, als Sie zu leisten imstande sind. Dass wir es hier mit einem grundsätzlichen Problem unserer Leistungsgesellschaft zu tun haben, steht auf einem anderen Blatt. Doch Ihre und meine persönliche Aufgabe lautet: Gestalte dein Leben so, dass du zufrieden sein kannst.

Und noch etwas: Wer sich gegen Kritik abschottet, nimmt sich auch jede Chance auf Feedback. Also auf fundierte Rückmeldungen, die wir einfach benötigen, um uns entwickeln und verbessern zu können.

Kontrollverlust

Zwei der ersten Fragen, die unmittelbar in uns auftauchen, sobald es schwierig wird, sind uralt. Die erste lautet: Kann ich die Situation kontrollieren? Und die zweite: Ist die Situation sicher? Diese emotionale Antwort des Systems entstand schon vor Äonen von Jahren. Und natürlich dient sie nur einem Zweck: dem Überleben!
Auf jedwede Gefahr reagieren wir automatisch intensiv und sofort, und das geschieht auch, wenn unsere körperliche und

emotionale Sicherheit bedroht ist. Dinge zu tun, bei denen wir die Ergebnisse und Konsequenzen nicht abschätzen können: ganz schlecht, das widerstrebt uns. Drohen die Dinge gar aus dem Ruder zu laufen, werden wir panisch – und/oder wütend.

TIPP: Wenn Sie meinen, die Kontrolle zu verlieren, stellen Sie sich Fragen!
Timothy Gallwey, einer der Urväter des Coachings, empfiehlt in diesem Fall folgende Fragen:

- Was können Sie hier nicht kontrollieren?
- Was haben Sie versucht zu kontrollieren?
- Was könnten Sie kontrollieren, was Sie bis jetzt nicht tun?

Wenn Sie sich wieder dessen bewusst werden, dass Sie immer wählen können, wie Sie reagieren, erlangen Sie die Oberhoheit in Ihrem Leben zurück. Mal angenommen, Sie hätten eine komplett chaotische Kollegin; was sie sich ausleiht, legt sie grundsätzlich an den falschen Ort zurück oder bringt es gar nicht erst zurück. Sie tut es einfach nicht! Wenn Sie sich nun die drei Fragen zur Kontrolle stellen, wird Ihnen vermutlich aufgehen, dass Sie nur Ihre eigene Reaktion kontrollieren können. Für die Kollegin fehlt Ihnen leider die Fernbedienung. Und der ganze Ärger schadet ja nur Ihnen – welche Lösung können Sie also zusammen **mit** der Kollegin finden?

Nun kennen Sie die vier großen Trigger, mit denen sich bei vielen Menschen verlässlich Ärger auslösen lässt. Es gibt aber noch einen weiteren, und den möchte ich Ihnen auf keinen Fall vorenthalten. Einen Auslöser, der im Alltag immer wieder aktiv wird und der uns zudem noch geradewegs von unseren Zielen abbringt: Ich spreche über verletzte Werte.

Verletzte Werte

Gehen wir doch mal einen Schritt zurück und gleichzeitig eine Ebene tiefer. In dem Moment, wenn mein Gehirn sich entscheidet, die Ärger-Reaktion anzuwerfen, geht es nur noch ums Überleben. Damit werde ich völlig auf mich und die Bedrohung zurückgeworfen – und ich vergesse fast im gleichen Atemzug alles, was ich *vor* dem Ärger wollte. Denn der Fokus verengt sich. Entweder ringe ich mit einer körperlichen Bedrohung, zum Beispiel auf der Autobahn, wenn mich ein Auto von hinten bedrängt, während ich gerade mit Tempo 170 einen Lkw überhole. Oder mein Gehirn entscheidet, dass ich in meinem Wesen gefährdet bin. Dies trifft häufig zu, wenn jemand meine Werte verletzt.

Kleines Beispiel: Sie sitzen beim Kartenspiel mit Freundinnen und Freunden. Eine schummelt. Zwar kaum zu merken und sehr gerissen, aber sie betrügt. Lässt Sie das kalt, oder werden Sie dann ärgerlich und ungemütlich?

Ich selbst bin nicht imstande, kleine Mogeleien beim Spielen großzügig zu übersehen, da wird mein Wert „Fairness" verletzt, da unterminiert jemand meine Haltung „Regeln müssen eingehalten werden!" Wie kann man nur! Binnen Sekunden bin ich oben auf meiner Palme ... und zack, ist mein ursprüngliches Ziel, beim Kartenspielen entspannt miteinander Spaß zu haben, vergessen.

Ganz anders meine Freundin Bettina, ein Mensch mit einer eher rebellischen Natur – sie denkt sich gar nichts dabei, wenn jemand am Tisch mogelt (oder gar sie selbst). Fairness interessiert sie nur am Rande, für sie ist Freiheit der höhere Wert. Und wird diese auch nur gefühlt beschnitten, reagiert Bettina sauer und zornig. Hey, Regeln sind dazu da, um geschickt umgangen zu werden!

Oder Sie ertappen die Kollegin, wie sie eine Unwahrheit über Sie erzählt? Das ist illoyal, das macht man nicht! – und schon werden Sie fuchsteufelswild. Ärger ist also immer auch ein Hüter Ihrer Werte.

Tipp: Überprüfen Sie Ihre persönlichen Werte
Wenn Sie Ihrem eigenen Ärger-Verhalten auf die Schliche kommen wollen, ist es sehr hilfreich, ab und an zu prüfen, ob und welche Werte da gerade beeinträchtigt wurden. Unter ‚Werten' versteht man bedeutsame, erstrebenswerte Eigenschaften oder Qualitäten, Ideale und Einstellungen, mit der ein Mensch der Welt begegnet. Zum Beispiel Freiheit oder Loyalität, Status oder Familie, Ehrlichkeit oder Toleranz.

Werte verändern sich im Lauf des Lebens. Jugendliche zum Beispiel finden zum Beispiel ‚Familie' nicht sonderlich wichtig. Sobald sie aber ihre Traumpartnerin kennenlernen, steigt der Wert auf der Werte-Hitliste und der bisherige Topwert ‚freie Selbstentfaltung' fällt entsprechend ab. Werte definieren immer auch den eigenen Charakter. Die Qualitäten, Überzeugungen und Tugenden, die wir ausdrücken, zeigen anderen Menschen, wer wir sind. Und das kann eine höchst individuelle Angelegenheit sein. Wenn Sie im Laufe Ihres Lebens Verständnis dafür entwickeln, dass nicht alle Menschen Ihre höchsten Werte teilen, sondern ganz andere wichtig finden, dann schafft das Raum für mehr Toleranz.

2.9 Ärger macht krank oder: Warum es sich lohnt, den eigenen Ärger zu meistern

Ärger, Wut und Zorn belasten nicht nur menschliche Beziehungen oder zerstören sie sogar im schlimmsten Fall. Sie machen auf Dauer krank. Vor allem Choleriker und Rabattmarkensammler belasten ihr Herz-Kreislauf-System enorm, wenn sie sich wiederkehrend in Rage toben. Ein gelegentlicher Wutausbruch wird nicht geradewegs ins Verderben führen, doch tatsächlich ist es so, dass steter Tropfen die Gesundheit höhlt.

Wer sich ärgert, zapft jedes Mal den Kampf-Anteil der Stressreaktion an (siehe Seite 31). Der Körper schüttet nun unverzüglich Stresshormone aus und beginnt, das gesamte Nervensystem in den Alarmzustand hochzufahren: Das Herz schlägt schneller, der Blutdruck steigt, die Muskeln spannen sich stark an und (Steinzeit lässt grüßen) um nach einem Angriff nicht zu verbluten, werden auch die Blutgefäße verengt. In der Moderne jedoch verschlechtert dies auf lange Sicht die Versorgung des Herzens und des Körpers durch Arteriosklerose. Kurz gesagt, ständiger Ärger ist genauso ungesund für das Herz wie Bluthochdruck und Rauchen, dies haben genügend Untersuchungen gezeigt.

Wer sich oft ärgert, setzt sich einem dreimal höheren Risiko aus, einen Herzinfarkt zu erleiden. Insbesondere Situationen, in denen man sich massiv innerlich ärgert oder starke Gefühle von Vergeblichkeit und Frustration auftreten, sind gefährlich.

Dies kann laut dem Neurowissenschaftler, Psychiater und Bestseller-Autor Joachim Bauer eine Studie der Harvard Universität untermauern: Ärzte untersuchten die psychische Situation bei über 1300 Personen, die zu Beginn der Studie noch keine koronare Herzerkrankung hatten. Diejenigen, bei denen mit einem objektiven Testverfahren ein hohes Maß an dauerhaft anhaltenden Ärgergefühlen festgestellt wurde, erlitten im Verlauf von sieben Jahren über 2,6-mal häufiger eine Herzattacke und mehr als dreimal häufiger einen Herzinfarkt.

Natürlich ist Zorn nur einer von vielen möglichen Faktoren für koronare Herzkrankheiten. Aber stellen Sie sich einen 20-jährigen vor, der häufig Wutanfälle bekommt: Jeder einzelne lässt Puls und Blutdruck steigen, jeder einzelne belastet sein Herz. Auf Dauer führt das zu massiven Schädigungen.

Einen anderen Forschungsweg gingen die Ärzte der Karolinska-Universitätsklinik in Stockholm. Sie befragten 700 Personen, die alle einen Herzinfarkt überlebt hatten, was in der letzten Stunde vor dem Infarkt geschehen war. Die Auswertung der Daten ergab, dass bei den Teilnehmern der Studie in äußerst gehäufter Weise akuter und massiver Ärger aufgetreten war. Offensichtlich sind Gefühle der Wut, Ausweglosigkeit und Frustration eine Art letzter Tropfen, der das Fass zum Überlaufen bringen und einen Infarkt auslösen kann.

Auch anderswo im Körper macht Ärger gern Ärger. Zum Beispiel verursacht er oft Verdauungsprobleme und/oder schlägt sich auf die Magenschleimhaut nieder. Sie kann sich entzünden und langfristig Magengeschwüre bilden. Muskelverspannungen im Nacken und im Rücken sind ebenso typische Folgen eines hohen Ärgerpegels. Das kann bis zu einem Bandscheibenvorfall führen. Häufig trifft es Menschen, die ihren Ärger schlucken und zum Implodieren neigen.

Besonders im Kiefer führt permanenter Stress zu Problemen. Die Mehrzahl erwachsener Menschen knirscht nachts mit den Zähnen – eine ungeheure Belastung für Kiefer und Zahnsubstanz, bei der auch das Kiefergelenk in Mitleidenschaft gezogen wird. Es kann eine Craniomandibuläre Dysfunktion (CMD) entstehen, mitsamt Verspannungen in der Hals- und Nackenmuskulatur und wiederkehrenden Kopfschmerzen.

Darüber hinaus bereitet dauerhaft geschluckter Ärger den Weg für chronische Infektionen und Autoimmunerkrankungen, verursacht durch das Stresshormon Cortisol – denn das unterdrückt die Immunabwehr. Weitere typische Gesundheitsfolgen von Dauer-Ärger sind Schlafstörungen, Gedächtnisschwäche und der Verlust der Lust an der Lust.

Schon allein Ihrer Gesundheit zuliebe lohnt es sich also, einen anderen Umgang mit Ärger und Wut zu lernen – Ihr Körper und Ihre Seele werden es Ihnen danken. Die Menschen, die Sie lieben und mögen, mit Sicherheit auch.

III. Wege aus dem Ärger

Wenn Sie sich von der Herrschaft des Ärgers befreien wollen, müssen Sie etwas investieren oder etwas opfern. (Günter F. Gross)

Vielleicht scharren Sie inzwischen schon ungeduldig mit den Hufen: Wie kann ein guter Umgang mit Wut-Gefühlen denn nun gelingen? In den nächsten Kapiteln stelle ich Ihnen verschiedene Strategien zur Selbstberuhigung in Situationen „wie im richtigen Leben" vor. Dazu Ideen und Impulse, wie Sie das Brodeln, Zürnen und Hochkochen verhindern können. Lassen Sie uns nun also aktiv von der Palme runterkommen!

3.1 Besser im Alltag klarkommen: Die Immer-wieder-Situationen

Als meine Kinder klein waren, gab es eine regelmäßig wiederkehrende Situation für „Ärger" – nämlich immer dann, wenn wir einen Termin hatten und uns auf den Weg machen wollten, aber die Kinder nicht fertig waren. Das heißt, ich hatte alles vorbereitet und den bevorstehenden Aufbruch auch mehrfach angekündigt, und dennoch: Sie waren nicht fertig. Oder sie verzögerten. Oder fanden etwas, was vor dem Aufbruch noch unbedingt getan werden musste ... grrr! Alle Eltern kennen das.

Irgendwann kam ich auf die Idee, mich zu fragen, was mich in dieser Situation eigentlich so ungeduldig und ungehalten werden ließ. Die Antwort war überraschend einfach: Da wurde mein persönlicher Plan·sabotiert! Alles, was ich mir so schön überlegt hatte – Abfahrt zu einer bestimmten Uhrzeit, somit rechtzeitige Ankunft bei der Geburtstagsfeier – zack, hatte es sich erledigt.

Nur, warum regte mich das so auf?

Erster Grund: Es gehört zu den menschlichen Eigenschaften, dass Ärger immer dann entsteht, wenn man ein bestimmtes Ziel erreichen will und darin behindert wird. Das kennt man aus vielerlei Situationen – Sie wollen zu einem Meeting, aber das Flugzeug hat Verspätung. Sie müssen dringend zum Arzt, aber es ist kein Taxi frei. Sie brauchen eine Auskunft, aber die Nummer ist besetzt.

Sobald wir ein Ziel erreichen wollen, sind wir auf einem bestimmten Kurs, mit vorwärtsdrängender Energie. Diese sorgt oft dafür, dass wir wie mit Scheuklappen unterwegs sind: Um weiterarbeiten zu können, will ich *jetzt* mit einer bestimmten Ansprechpartnerin telefonieren, ich will *jetzt* die Unterlagen von meiner Kollegin erhalten. Oder ich will *jetzt* meinen Zug erreichen, um endlich nachhause zu kommen. Wenn es dann aber hängt und klemmt, geht die eigene Gelassenheit schnell baden.

Und damals in der Situation mit meinen Kindern kam noch etwas hinzu, nämlich mein Anspruch, *pünktlich* sein zu wollen und damit als zuverlässig wahrgenommen zu werden.

Erschien ich also nicht pünktlich, fiel das Attribut „zuverlässig" unmittelbar vom Sockel und damit auch ich. Andere Menschen würden folglich Unschönes über mich denken. Sehr ärgerlich! Zumal ich für die Verspätungen ja nie etwas konnte – meine Kinder waren dafür verantwortlich!
Wirklich? Hm.

Am Schluss blieb nur wieder dieses Gefühl namens „Grrr".

Und wie sieht das bei Ihnen aus?

- Welche Störungen eines Plans machen Sie wütend (bei der Bahn heißt das „Störung im Betriebsablauf")?
- Auf welche Weise muss Ihr Ziel behindert werden, damit Sie sauer werden?
- Was machen ungeplante, von außen erzwungene Unterbrechungen mit Ihnen?
- Steht einer Ihrer Werte auf dem Spiel, wenn sich so etwas ereignet?

Ärger ist potenziell immer präsent. Es sind meist keine Schicksalsschläge, die uns Menschen schlagartig die Laune verderben, sondern kleine Behinderungen und Ärgernisse, die immer wieder auftauchen, die vielleicht (fast) schon zur Routine geworden sind, die aber gewaltig an unseren Kräften zehren. Und im Laufe der Zeit nehmen wir zunehmend hin, dass es so ist. Und ertragen es. Tag für Tag, Woche für Woche. Und ärgern uns darüber.
Täglicher Ärger nimmt Ihnen auch täglich Lebensfreude, Energie, Antriebskraft, Zeit oder Geld. Oder von allem ein wenig.

Diesen wiederkehrenden Alltagsärger professionell anzugehen, lässt sich jedoch lernen. Ein schönes Werkzeug dazu ist die „Ärger-Diagnose". Mit dieser können Sie sämtliche Ursachen für großen und kleinen Ärger systematisch aufdecken – und dann etwas daran verändern.

Tool: Die Alltags-Ärger-Diagnose

Stellen wir also die Sache mit dem Immer-wieder-Ärger und die dazugehörigen Ärgernisse auf den Prüfstand. Finden Sie als Erstes im Laufe einer ruhigen Reflexion – beim Spazierengehen, abends in der Badewanne o.ä. – mit den folgenden Fragestellungen heraus, was genau in Ihrem Alltag immer wieder Ärger verursacht oder mit Ärger verbunden ist. Nehmen Sie sich genug Zeit dafür und schreiben Sie die Antworten gern auf.

1. Welche Ereignisse, Situationen, Momente, Pannen sind Ihre persönlichen Brandstifter? Welche Tätigkeiten führen dazu, dass Sie gereizt reagieren?
2. Welches eigene Verhalten? Also anders formuliert: Welchen Ärger verursachen Sie selbst? Worüber genau ärgern Sie sich, wenn Sie sich über sich selbst ärgern?
3. Welches fremde Verhalten?
4. Welche Person löst immer wieder Ärger bei Ihnen aus? Ist sie bereits ein „rotes Tuch", muss also im Prinzip nicht mehr viel tun, damit Sie hochgehen?

5. Welche Geräte bringen Sie zur Weißglut, bei welchen technischen Schwierigkeiten könnten Sie ausrasten?

Nun nehmen Sie sich Ihre Antworten vor. Fangen Sie mit Ihrem größten Ärgernis an und striegeln Sie es ein weiteres Mal durch. Die folgenden vier Impulsfragen führen Sie verblüffend schnell zum Kern.

    a. Was können Sie verändern?
    b. Wovon können Sie sich trennen?
    c. Womit können Sie es ersetzen, falls das sinnvoll ist?
    d. Die Immer-möglich-Option: Akzeptieren, wenn es nicht zu ändern ist.

Haben Sie eine oder mehrere Lösungen gefunden? Sehr gut. Dann widmen Sie sich nun dem zweiten Ärgernis auf Ihrer Liste. Diese verknappte Weise, um den „gewohnten" Ärger und Energieverluste im Alltag künftig zu vermeiden, ist bestechend effektiv.

Oder will Ihnen kein einziger guter Einfall kommen? Nicht schlimm, zapfen Sie doch mal ein anderes Gehirn an!

Tool: „Fremdhirne" nutzen

Wenn Sie zwar identifiziert haben, was Sie stört und verärgert, Ihnen aber keine Idee kommt, was Sie ändern oder hinter sich lassen können, dann lassen Sie sich doch einmal von „Fremdhirnen" unterstützen.

„Fremdhirne" sind schlicht: denkende Menschen, die nicht in Ihren Schuhen stecken. Der Ausdruck entstammt dem *Zürcher Ressourcen Modell*, einem bekannten Selbstmanagementtool.

A) Fragen Sie andere nach Ideen und sammeln Sie Veränderungsmöglichkeiten

- Holen Sie sich Hilfe, indem Sie Freunde, Bekannte oder auch „lose" Bekannte (z. B. Ihre Friseurin oder den Hausmeister) nach Ideen fragen. Bitten Sie also nicht um Lösungen oder Ratschläge, sondern um eine Idee für Ihren Ideenkorb.

- Fragen Sie in etwa so: „Was könnte jemand tun, der folgendes Problem XY hat?".

- Sammeln Sie die unterschiedlichen Ideen und picken Sie sich dann diejenige heraus, die Ihnen am besten gefällt und/oder den größten Erfolg verspricht.

- Bevor Sie die Idee umsetzen, stellen Sie sich jedoch noch eine Vorfrage: „Ist es den ganzen Aufwand wert?" Sollten Sie feststellen, dass der Aufwand einfach zu hoch ist, geht es direkt bei **D** weiter.

- Falls sich der Aufwand lohnt, dann setzen Sie die Änderung um.

B) Ist es vielleicht besser, dass Sie sich von etwas trennen?

Hier geht es tendenziell um Arbeitsabläufe, Geräte oder andere Dinge. Soll da etwas weg, kann da etwas weg? Falls Ihnen nun auffällt, dass Sie Schwierigkeiten mit einer anderen *Person* haben, dann empfehle ich Ihnen: Nehmen Sie sich rund um die Trennung von einer Person deutlich mehr Zeit. Und bitte behalten Sie Ihre Kinder.

C) Wie und womit können Sie es ersetzen?

Auch für diese Frage können Sie wieder Ideen erbitten. Welche Sie davon umsetzen, beschließen Sie mit allen Personen, die von der Veränderung betroffen sind.

D) Akzeptieren

Falls Sie allerdings feststellen, dass Sie an der Situation im Moment nichts ändern können, dann steht Ihnen eine weitere Option offen: Entscheiden Sie sich bewusst dazu, diese Umstände zu akzeptieren. Und zwar nicht mit zusammengebissenen Zähnen und finsterer Miene, sondern aus einer erwachsenen Haltung heraus.

Wir können immer wählen, wie wir uns in einer Situation verhalten oder wie wir sie gestalten. Der Psychologe und KZ-Überlebende Viktor Frankl nannte das „die letztendliche Freiheit des Menschen". Nutzen Sie diese Freiheit: Ich entscheide mich, etwas zu tun oder nicht ... so, wie es für mich passt und stimmt.

Auf der folgenden Seite finden Sie die Übung noch einmal in Kurzform für den „Schnelldurchlauf".

Zusammengefasst: Ärgern, ändern oder akzeptieren?

Was verursacht Ärger oder ist mit Ärger verbunden?

1. Welche Ereignisse?
2. Welches eigene Verhalten?
3. Welches fremde Verhalten?
4. Welche Person?
5. Welche Dinge?

Folgende Fragen bringen Antworten:

a. Was können Sie verändern?
b. Wovon können Sie sich trennen? Von wem können Sie sich trennen?
c. Oder wie oder wodurch können Sie es ersetzen?
d. Die Immer-möglich-Option: Akzeptieren, wenn es nicht zu ändern ist.

Kleine Anti-Ärger-Hilfen für Autofahrer

Dass ich nicht die geduldigste aller Autofahrerinnen bin, wissen Sie längst. Es gibt aber durchaus Tricks und Tipps, um im Stadtverkehr wieder runterzukommen, wenn man im Rausch von Ungeduld und Wut am liebsten ins Lenkrad beißen möchte.

- **Fall 1: Die Schleicher**

  Möchte man nicht am liebsten mit beiden Händen auf dem Lenkrad herumtrommeln? Es gibt Fahrerinnen, die mit Tempo 50 auf der Vorfahrtsstraße vor einem schleichen, obwohl längst 70 km/h erlaubt sind.

  Lösung: Bevor Sie allzu Unflätiges von sich geben, stellen Sie sich vor, dass in dem Fahrzeug vor Ihnen eine siebenstöckige Hochzeitstorte oder ein Korb gefüllter Biergläser ganz vorsichtig zum Zielort transportiert wird. Das erklärt die Fahrweise und Sie können sich wieder beruhigen.

- **Fall 2: Die Drängler**

  Sie treten meistens auf der Autobahn auf, häufig genau dann, wenn man gerade mit Tempo 170 eine Lkw-Schlange überholt, gern auch unter Einsatz der Lichthupe.

  Lösung: Stellen Sie sich vor, dass der Fahrer (es sind tatsächlich meistens Männer) einen Anruf aus dem Kreißsaal erhalten hat und deshalb sehr eilig ins Krankenhaus muss. (Beim dritten Drängler nützt diese Methode allerdings nicht mehr, so hoch ist die Geburtenrate in Deutschland nun auch wieder nicht.)

- **Fall 3: Die Wegabschneider und Reinschneider**
Auch diese Zeitgenossen finden sich überall: Ohne zu blinken, wechseln sie die Spur und schneiden einem praktisch den Weg ab. Diese Situationen sind häufig gefährlich und treiben den Blutdruck massiv in die Höhe.
Lösung: Hier hilft das lange Ausatmen als Erste Hilfe. Und das geht so: Atmen Sie tiefer aus als normal, gerne auch mit Begleitgeräusch. Atmen Sie also mit einem leisen „ffffffff" so lange und langsam aus wie möglich. Machen Sie dann eine kleine Pause, Ihr Körper übernimmt das Einatmen schon automatisch. Und nun wieder „fffffff", ausatmen. Wiederholen Sie das mindestens drei bis fünf Mal. Und kombinieren Sie gern mit beruhigenden Worten: „Es ist alles in Ordnung, atme ganz ruhig weiter!"

- **Fall 4: Stau**
Irgendwann erwischt er jeden, der auf deutschen Autobahnen unterwegs ist: der gemeine Stau. Sich zu ärgern hilft nicht weiter, denn nichts und niemand kann an der Tatsache etwas ändern, wenn nach einem Unfall der Verkehr zum Erliegen kommt.
Lösung: Versuchen Sie es einmal mit Dankbarkeit. Seien Sie einfach dankbar, dass Sie nicht die Ursache des Staus sind. Damit setzen Sie den Umstand, dass Sie sich ausgebremst und ohnmächtig fühlen, in einen neuen, positiven Rahmen. Gestalten Sie die zu überbrückende Zeit mit Hörbüchern, Podcasts oder Ihrer Lieblingsmusik.

3.2 Die vier Naturelle: Sich selbst und andere besser verstehen

Wenn wir uns die Herausforderungen und Frustrationen, Begrenzungen und Enttäuschungen anschauen, die uns Menschen immer wieder runterziehen, so wird schnell klar: Es gibt eine Vielzahl von Ärger-Themen, die sich von Mensch zu Mensch unterscheiden. Interessanterweise finden wir vier grundsätzliche Naturelle, also vier unterschiedliche Tendenzen, wie Ärger ausgelöst wird.

Beschrieben wird das von Gretchen Rubin, einer US-amerikanischen Bestsellerautorin, die über Glück und gute Gewohnheiten schreibt. Rubin fand heraus, dass die Art und Weise, wie Menschen mit Erwartungen umgehen, ihr Naturell wesentlich beeinflusst. Bald stieß sie auf die Tatsache, dass es da kein allgemeingültiges Rezept gibt. Ganz im Gegenteil – was für den einen zielführend ist, kann die andere in die Rebellion treiben oder lähmen.

Gretchen Rubin identifizierte vier verschiedene Tendenzen („The Four Tendencies"), und das Ergebnis war eine erstaunlich einleuchtende und erhellende Typen-Lehre, die uns zu einem freieren, zufriedeneren Leben verhelfen kann. Das Ganze fasste sie in dem Buch „Die 4 Happiness-Typen: Wie Erwartungen unsere Glücksfähigkeit prägen" zusammen.

Tatsächlich ist es wichtig, über die vier unterschiedlichen Verhaltens- und Denkmuster zumindest grundlegend Bescheid zu wissen. Denn wenn wir begreifen, wie verschieden Menschen ticken und die Welt wahrnehmen, wenn wir die Perspektive des anderen tatsächlich verstehen, dann können wir auch akzeptieren, *warum* jemand etwas tut. Damit verbessert sich unser Zusammenleben wie von selbst. Und jeder Ärger ebbt alsbald ab – oder entsteht gar nicht erst.

Die vier Tendenzen

Hier ein kurzer Überblick über die vier unterschiedlichen Naturelle bzw. Tendenzen aus dem Modell von Gretchen Rubin:

- Die **Pflichterfüller**. Diese Menschen wollen wissen, was getan werden soll, und tun es dann einfach. Sie wägen jedoch immer ab, ob es zu einer Kollision mit inneren Erwartungen kommt. Falls ja, können sie auch klar und deutlich „Nein" sagen.

- **Hinterfrager** wollen wissen, *warum* etwas getan werden soll. Sie wollen die Gründe und Rechtfertigungen kennen. Wenn das zu ihrer Zufriedenheit ausfällt, werden sie aktiv und gehen in die Umsetzung.

- **Teamplayer** wollen in die Verantwortung genommen werden. Für andere tun sie alles, haben aber große Schwierigkeiten damit, an sich selbst zu denken. Fühlen sie sich über einen langen Zeitraum zu sehr ausgenutzt, kommt es zur rigorosen Teamplayer-Rebellion. Dann knallt es.

- **Rebellen** wollen die Freiheit, alles auf ihre eigene Weise tun zu können. Sie gehen leicht in Widerstand, manchmal einfach „aus Prinzip".

Es ist übrigens unmöglich, die Tendenz zu einem bestimmten Naturell allein aufgrund von Handlungen zu erkennen. Es ist der Grund für die Handlung, der die Tendenz erst erklärt. So mag ein Hinterfrager eine Deadline verweigern, weil er denkt, dass sie keinen Sinn ergibt; die Rebellin wiederum, weil sie Ihnen zeigen möchte, dass Sie nicht ihr Boss sind.

Die Haupt-Tendenz ist laut Gretchen Rubin übrigens angeboren und verändert sich im Laufe des Lebens nur in geringem Maß. In der Regel spielt noch eine der benachbarten Tendenzen mit hinein und beeinflusst das Verhalten.

Wenn Pflichterfüller sich ärgern

Die sogenannten Pflichterfüller erfüllen sowohl äußere wie auch innere Erwartungen. Sie halten sich mühelos an Ziele und schaffen jede Deadline im Job: Sie wollen erledigen, was andere von ihnen erwarten. Genauso ernst nehmen sie die Erwartungen an sich selbst.

Bei dem Versuch, alles richtig und gut zu machen, haben sie aber gelegentlich Schwierigkeiten, auf Unvorhergesehenes flexibel zu reagieren. Ärgerlich werden sie vor allen Dingen dann, wenn sie kritisiert oder darauf hingewiesen werden, dass sie tatsächlich etwas falsch gemacht haben. Denn Pflichterfüller hassen es, Fehler zu machen.

Gereizt und ungeduldig reagieren sie, sobald andere in Situationen ausharren, die sie als Pflichterfüller einfach durchziehen, oder wenn Menschen Prozesse durch permanentes Nachfragen verlangsamen. Wahrhaft erzürnen kann man einen Pflichterfüller, indem man nicht tut, was man zugesagt hat.

Der zornige Aufschrei des Pflichterfüllers: „Warum können Menschen nicht einfach ihre Aufgaben erledigen?"

Hinterfrager-Zorn

Hinterfrager brauchen Gründe und Rechtfertigungen. Sie werden ärgerlich, wenn andere Menschen aus Gründen handeln, die willkürlich anmuten oder nicht erklärt werden. Schrecklich für einen Hinterfrager ist es auch, wenn man mit der Erwartung an ihn herantritt, er selbst möge sich so verhalten. Gibt man ihnen keine ausreichenden Antworten oder räumt man ihnen nicht genügend Zeit ein, um notwendige Nachforschungen anstellen zu können, reagieren sie höchst frustriert.

Der ärgerliche Schrei des Hinterfragers lautet: „Warum rennen alle Leute wie die Lemminge hinterher und erwarten von mir das Gleiche, ohne gute Gründe?"

Wie hilfreich das Wissen um die unterschiedlichen Naturelle ist, wird mit dem folgenden kleinen Beispiel klar. Stellen Sie sich einmal ein Team vor, in dem eine Pflichterfüllerin arbeitet: Die hat vernommen, was zu tun ist, und will einfach loslegen. Was sie extrem lästig findet, sind die permanenten Nachfragen der Hinterfragerin im Team. Alsbald gibt sie ungeduldige Kommentare ab: „Es ist doch klar, was wir zu tun haben, also auf geht's!"

Das wiederum reizt die Hinterfragerin, die verärgert kontert: „Du immer mit deinem ‚schnell, schnell'. Erst einmal den Kopf anschalten und dann handeln …!" Sie können sich vorstellen, wie angesichts der ständigen Reibung in diesem Team das Projekt ausgehen und aussehen wird.

Der Groll des Teamplayers

Teamplayer sind wunderbare Zuarbeiter und Mitmacher. Sie spüren die Erwartungen, die an sie gerichtet werden und können gar nicht anders, als diesen gerecht zu werden. Das wird natürlich gerne ausgenutzt. Was wiederum zur Folge hat, dass der Teamplayer mit sich selbst hadert: Denn natürlich weiß er um seine Tendenz, sich übervorteilen zu lassen! Also ärgert er sich über sich selbst und beschimpft sich als zu weich, harmoniesüchtig und auch noch unfähig, für sich selbst einzutreten. Mit der Zeit jedoch entsteht Unmut gegenüber der Person, die ihn ausnutzt. Das Gefühl, ausgebeutet, vernachlässigt oder unfair behandelt zu werden, führt zu wachsender Entrüstung und Groll. Und ist das Ärger-Fass irgendwann voll, geht der Teamplayer in die streikende Teamplayer-Rebellion. Dann verweigert er sich mit einer Heftigkeit, die alle überrascht. So ein Knall kann hilfreich sein, genauso häufig ist er jedoch auch destruktiv.

Da die Teamplayer die größte Gruppe stellen (sowohl bei Männern wie auch bei Frauen), ist es extrem wichtig, ihr Naturell und ihre eventuell auftretende Rebellion zu verstehen. Teamplayer müssen von ihrem Umfeld auch vor sich selbst geschützt werden!

Das geht am besten, indem z. B. Arbeiten in Gruppen gerecht verteilt werden. Und niemals sollte das so selbstverständlich wirkende Handeln der Teamplayer einfach als gegeben genommen werden: Zeigen Sie Ihre Wertschätzung!

Der ärgerliche Aufschrei einer Teamplayerin: „Warum bin ich

eigentlich die Einzige, die irgendetwas tut? Warum erfülle ich die Erwartungen anderer Menschen, aber nicht meine eigenen Erwartungen?"

Der wütende Rebell

Bleibt noch die vierte Tendenz der Ärger-Typen. Rebellen verärgert es, wenn ihnen gesagt wird, was sie zu tun haben. Oder wenn sie sich herumgeschubst, eingegrenzt oder in die Enge getrieben fühlen. Sie wollen das, was sie tun sollen, auf ihre eigene Art und in ihrer eigenen Zeit erledigen. Wenn andere Menschen ihnen Anweisungen geben oder darum bitten, etwas Bestimmtes zu tun, dann wehren sie sich.

Dieser ewige Funke des Widerstands kann großen Zorn auslösen – nicht nur beim Rebellen, sondern auch beim Gegenüber. Der versteht die heftige Reaktion oft nicht; erst recht kann er nicht nachvollziehen, dass der Rebell sich auch Ideen verweigert, die ihm selbst nützen.

Der Rebell schreit daher auf: „Warum hören die Leute nicht auf, mir zu sagen, was ich tun soll?"

Jedes Naturell geht also mit einer bestimmten inneren Frage an die Dinge heran.

Den Pflichterfüller beschäftigt: „Soll ich das nun tun?"

Der Hinterfrager will wissen: „Ist das sinnvoll?"

Der Teamplayer fragt sich: „Ist dies für jemand anderen wichtig?"

Den Rebellen treibt die Frage um: „Will ich dieser Mensch sein?"

Zu verstehen, dass wir aufgrund unserer persönlichen Tendenz eine einzigartige Perspektive auf die Welt haben, zu begreifen, warum uns manche Dinge leichter fallen, während wir andere fast nicht hinbekommen – all das bedeutet, mitfühlender leben zu können, nämlich mitfühlender mit anderen und mit uns selbst. Damit gelingt es auch besser, Ärger-Situationen bereits im Vorfeld zu entschärfen.

Ärger gar nicht erst entstehen lassen

Gretchen Rubin erzählt eine schöne Anekdote, die mit wenigen Worten alles auf den Punkt bringt. Eines Tages musste sie zusammen mit ihrem Mann Formulare ausfüllen. Als Pflichterfüllerin wollte sie nur eins: loslegen und alles ausfüllen, damit sie es von ihrer Liste streichen konnte. Es gab aber ein paar ungeklärte Fragen, also rief sie ihren Mann Jamie an. „Hallo Schatz", sagte sie, „gib mir schnell deine Geschäftsadresse." Jamie: „Warum willst du das wissen?"

Ohne das Wissen um die vier Tendenzen würde diese Antwort eine Pflichterfüllerin unmittelbar verärgern. Der nächste Satz würde folglich vielleicht lauten: „Warum kannst du eine einfache Frage nicht beantworten? Warum kannst du mir nicht eine schnelle Antwort geben? Was bedeutet das überhaupt für unsere Partnerschaft, wenn du …?"

Das heißt, theoretisch standen alle Zeichen auf Sturm, als Rubin ihren Mann nach der Geschäftsadresse fragte. Die unbedeutende Ausgangsfrage hatte das Zeug, Keimzelle eines ernsthaften Streits zu sein; beide wären anschließend sauer aufeinander und würden sich irgendwann fragen, inwieweit es sich lohne, eine Beziehung aufrechtzuerhalten, in der schon solche Kleinigkeiten zu großen Konflikten führten.

Mit dem Wissen um die unterschiedlichen Naturelle jedoch entfällt ein solches Schreckensszenario. Jamie als klassischer Hinterfrager muss einfach wissen, *warum* er etwas tun soll. Der Dialog könnte also folgendermaßen beginnen: „Hallo Schatz, ich fülle gerade dieses langweilige bürokratische Formular aus. Sag mir schnell deine Geschäftsadresse."

Und Jamie nennt ihr einfach die Adresse.

Besseres Verständnis und eine richtige Ansprache – damit können wir jede Menge Missverständnisse und Ärger vermeiden. Sind Sie neugierig geworden, welche Tendenz in Ihrem eigenen Leben wirkt? Dann empfehle ich Ihnen unbedingt die Lektüre des Buches, die bibliografischen Daten finden Sie im Anhang. Es enthält auch den Fragebogen mit dem Selbsttest. Oder besuchen Sie die Website von Gretchen Rubin, falls Sie sattelfest im Englischen sind.

Tool: Der friedvolle Tipp aus Fernost

Nach einem kleinen blöden Erlebnis ärgert man sich manchmal nicht auf eindeutige Weise. Man schäumt nicht, tobt nicht, ist aber dennoch geflutet von unschönen Gefühlen. Auch für solche Situationen gibt es Hilfe. Die folgende Übung stammt von Thich Nhat Hanh, dem großen buddhistischen Weisen und Lehrer. Ob Buddhist oder Nicht-Buddhist –

von der Methode, ganz sanft und friedvoll schlechte Gefühle zu beruhigen, können alle Menschen profitieren.

Schritt 1: Setzen Sie sich so aufrecht wie möglich und so angelehnt wie nötig hin. Schließen Sie die Augen und wenden Sie Ihre Aufmerksamkeit nach innen.

Schritt 2: Nehmen Sie wahr, was Sie fühlen. Wenn Sie sauer sind, dann nehmen Sie wahr, dass Sie sauer sind. Spüren Sie, wo Sie den Ärger in Ihrem Körper fühlen.

Schritt 3: Nehmen Sie das Gefühl an. Akzeptieren Sie, dass Sie fühlen, was Sie fühlen. Verneinen Sie es nicht. Akzeptieren Sie, dass da ist, was eben da ist.

Schritt 4: Umarmen Sie das Gefühl. Halten Sie das Gefühl sozusagen im Arm wie ein kleines Kind. Wiegen Sie das Gefühl hin und her. Beruhigen Sie das Gefühl, so wie Sie ein Baby beruhigen würden.

Schritt 5: Betrachten Sie nun das Gefühl lang und tief. Betrachten Sie, wie das Gefühl in Ihnen entstanden ist. Beobachten Sie, wie Sie das Gefühl in sich erzeugt haben. Schauen Sie auf die Ursachen für das Unwohlsein des „Babys". Worauf weist Sie Ihr Ärger hin? Schauen Sie insbesondere auf Ihren Anteil, wie und wodurch Sie mitgewirkt haben. Tun Sie das aber ganz nüchtern und ohne sich selbst zu verurteilen.

Schritt 6: Sehen Sie die Zusammenhänge. Sehen Sie klar, entdecken Sie Einsichten. Sehen Sie, was Sie in Zukunft ändern können, damit es anders wird. Verstehen Sie, was Sie in Zukunft tun werden und was Sie nicht mehr tun werden.

3.3 Universallösung Klopfakupunktur: Klopf dich frei!

„Es kümmert doch keinen, ob du zu Hause sitzt und dich ärgerst!" (Buddy Hackett)

Ende der Achtzigerjahre erschien ein Buch, das eine schnelle und leichte Behandlung von Ängsten und Phobien versprach. „Leben ohne Phobie", so hieß es, verfasst von Roger Callahan, und ich gab dem Werk eine redliche Chance. Man sollte also ein bisschen klopfen, und zwar mit den Fingern auf bestimmte Akupunktur-Punkte. Aha, dachte ich, und das soll schwere Phobien oder Angststörungen in Minuten auflösen?

Unsinn. Nie im Leben.

Trotz meines ansehnlichen Wissens über Akupunktur nahm ich der Methode nicht ab, sie könne wirken, schon gar nicht anhaltend. Zudem missfiel mir, dass Herr Callahan in nahezu jedem Satz betonte, wie großartig er und seine Methode doch seien. Das Buch flog nur angelesen in die Ecke.

Kurze Zeit später berichtete mir eine sehr geschätzte Kollegin (danke, Monika Drinda) von angeblich „großartigen Veränderungen", die die Klopfakupunktur bei ihren Klienten bewirkt habe. Eine zweite Kollegin bestätigte dies bald darauf; die Effekte seien verblüffend! Aha? Nein, nicht mit mir. Ich ließ weiterhin die Finger von der Sache.

Und dann kam das Konzert.

Sie müssen wissen, in meiner Freizeit singe ich, und zwar Klassik. Wer so etwas über Jahre hinweg tut, übt meist unter den

Fittichen einer klassischen Gesangslehrerin. Und Gesangslehrerinnen veranstalten gern etwas, das sich „Schülerkonzert" nennt. Denn singen in der Gesangsstunde ist eine Sache, singen vor Publikum eine sehr andere.

Gut, also ein öffentliches Konzert – kein Problem, war ja nicht mein erstes! Tatsächlich kenne ich Lampenfieber kaum, es findet bei mir nur spärlich statt. Ehe ich einen Vortrag halte, bin ich auf sehr normale Weise etwas aufgeregt; gleichzeitig macht so ein kleiner Adrenalinschub bekanntlich wach und präsent. Er schadet also nicht, im Gegenteil.

Nicht so bei *diesem* Konzert. Stellen Sie sich einen wunderschönen Altbau-Saal vor, oben üppiger Stuck, unter den Füßen knarzendes Parkett. Während vorn auf der Bühne die ersten Gesangsschülerinnen ihre Arien zum Besten gaben, warteten wir anderen ganz leise hinter dem Bühnenausgang auf unseren Auftritt.

Und dann passierte es, unvermittelt und aus dem Nichts: Genau dort an der Bühnentür streckte mich der schlimmste Lampenfieber-Anfall meines Lebens nieder. Mit rasendem Puls stand ich da, das Zwerchfell saß mir praktisch oben im Hals zwischen den Mandeln. In dem Zustand hätte ich keinen Ton herausgebracht, schon gar nicht singend.

Was jetzt? Blitzartig ging mir durch den Kopf, dass sämtliche Übungen, die ich üblicherweise zur Beruhigung oder Entspannung nutzte, mindestens zwei Minuten Zeit benötigten – meine Vorgängerin würde aber maximal noch anderthalb Minuten lang singen. Ebenso blitzartig erinnerte ich mich der vielgepriesenen superschnellen Wirkung von Klopfakupunktur. Und dann, ohne lange nachzudenken, beklopfte ich auf gut Glück sämtliche Punkte an Kopf und Körper, die mir in dieser Situation hilfreich erschienen. Das Ergebnis war unglaublich: Innerhalb von 30 Sekunden saß mein Zwerchfell wieder an seinem Platz, mein Puls beruhigte sich. Ich konnte nicht nur wieder sprechen, sondern auch singen, und das locker und gelöst. Als Krönung drückte mir nach dem Auftritt der Mann meiner Gesangslehrerin die Hand und sagte: „So gut hast du noch nie bei einem Konzert gesungen."

Seitdem bin ich erklärter Fan der Klopfakupunktur, das werden Sie verstehen. Lieber Roger Callahan, ich bekenne: Ich habe Ihnen Unrecht getan!

Und nun sind Sie dran, liebe Leserin, lieber Leser. Gibt es aktuell etwas in Ihrem Leben, was Sie ärgert, stresst oder wütend macht? Dann probieren Sie die folgende Übung aus, so unvoreingenommen wie möglich. Falls Sie sich lieber ein Video ansehen, habe ich für Sie einen kleinen Film gedreht. Der zeigt genau, wie es geht. Folgen Sie einfach diesem Link: https://www.carmenreuter.de/klopfakupunktur.

Es geht los: Stellen Sie sich diese unangenehme Situation oder Begegnung vor Ihrem inneren Auge vor.

1. Auf einer Skala von 0 bis 10, wie schlimm empfinden Sie diesen Ärger? (0 würde bedeuten, Sie sind gerade tiefenentspannt aus dem Urlaub zurück, nichts kann Sie aus der Ruhe bringen. Bei 10 sitzen Sie am höchsten Punkt der Palme und platzen). Wo befinden Sie sich jetzt, gefühlt?

2. Klopfen Sie mit den drei mittleren Fingern sanft den Punkt an der Handkante (HK) des kleinen Fingers (siehe Abbildung), während Sie gleichzeitig (leise oder laut) zu sich selbst sagen: „Ich akzeptiere mich aus vollem Herzen, auch wenn ich mich über … ärgere."

   Mit welcher Hand Sie klopfen, ist egal. Sie können auch die Seiten wechseln, wann immer Sie wollen.

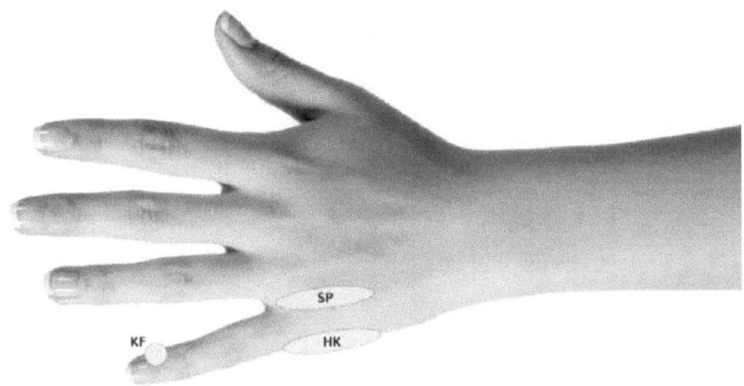

3. Klopfen Sie nun den Punkt am inneren Nagelfalz des kleinen Fingers (KF) und sagen oder denken Sie dabei intensiv: „Ich mache mich frei von diesem Ärger." Häufig reicht es, fünf- bis zehnmal zu klopfen. Probieren Sie einfach aus, wie lange sich das Klopfen eines Punktes gut anfühlt.

4. Während Sie sich weiter so gut wie möglich an Ihren Ärger erinnern, klopfen Sie nun sanft den Punkt in der Kuhle seitlich neben dem Augenaußenwinkel (SA), gerne beidseitig (siehe Abbildung 2). Viele Menschen, die Kopfschmerzen haben, massieren diese kleine Kuhle ganz automatisch.

5. Als nächstes suchen Sie den Punkt an der Verbindung zwischen Brust- und Schlüsselbein (SB), siehe Abbildung. Klopfen Sie diesen weichen Bereich unterhalb des Knochens sanft mit vier Fingern links und rechts gleichzeitig.

6. Prüfen Sie nun Ihren Ärger oder Stress in Bezug auf das Problem, wieder auf der Skala von 0 bis 10. Ist die Zahl niedriger als zuvor? Wenn nicht, dann wiederholen Sie die Klopfsequenz je nach Bedarf zwei- bis dreimal.

7. Der nächste Teil trägt den Namen „Gehirnbalance": Klopfen Sie den Punkt auf dem Handrücken zwischen Ringfinger und kleinem Finger (SP), während Sie Ihre Augen zuerst im Uhrzeigersinn, dann gegen den Uhrzeigersinn bewegen. Der Kopf bleibt dabei gerade und entspannt. Nun summen Sie einen Ton, zählen bis fünf und summen dann noch einmal.

8. Jetzt überprüfen Sie ihren Ärger erneut. Erinnern Sie sich wieder so genau und lebhaft wie möglich, was damals in der Ärgersituation passierte. Was wurde gesprochen, in welchem Tonfall? Was wurde vielleicht *nicht* gesagt oder getan? Was war das Schlimmste in dieser Situation für Sie?

→ Was spüren Sie nun körperlich? Haben sich Ihre Körpersignale verändert? Wo liegt jetzt Ihr Wert auf der Ärger-Skala?

→ Wenn der Wert noch größer als 2 ist, wiederholen Sie die Schritte 2 bis 5 und/oder 6 bis 8. Und falls Sie festgestellt haben, dass bestimmte Punkte schneller Erleichterung bringen, wiederholen Sie nur diesen Teil, eventuell mehrmals.

→ Liegt der Wert zwischen 0 und 2, dann gehen Sie direkt weiter zu Schritt 9.

→ Und sollte sich gar nichts verändern, dann probieren Sie Schritt 9 trotzdem noch aus. Wenn auch der zu keiner Veränderung führt, kann es sein, dass diese Übung als Anti-Ärger-Werkzeug für Sie einfach ungeeignet ist. Das hätte jedoch Seltenheitswert: Unter den vielen hundert Menschen, mit denen ich die Übung mittlerweile durchgeführt habe, gab es zwar immer mal Skeptiker, die meisten berichteten jedoch im Anschluss völlig verwundert: „Mein Ärger ist weg. Ich kann's einfach nicht glauben, er ist weg!"

9. Liegt Ihr Ärger zwischen 0 und 2, kommt nun das „Augenrollen", um den Stress noch weiter abzubauen: Dazu klopfen Sie den Punkt auf dem Handrücken zwischen Ringfinger und kleinem Finger (SP), halten Ihren Kopf gerade und schauen geradeaus. Jetzt bewegen Sie Ihre Augen zum Boden, von dort zur Decke, wieder zum Boden, wieder zur Decke. Wiederholen Sie das ruhig drei bis vier Mal.

All dies klingt ein bisschen seltsam, das räume ich ein. Klopfen, summen, die Augen verdrehen – und das soll wirken?

Ja, es wirkt. Und es ist kein Hokuspokus, im Gegenteil. Seit ihren Anfängen in den sechziger Jahren hat die Klopfakupunktur einen rasanten Aufschwung genommen.

Es entwickelte sich zum einen die Energy Diagnostic and Treatment Methods (EDxTM) von Fred Gallo, zum anderen die Emotional Freedom Techniques (EFT) von Gary Craig. Beide Techniken werden der sogenannten energetischen Psychologie zugerechnet und basieren gemäß der Traditionellen Chinesischen Medizin auf der Annahme, dass der menschliche Körper von Meridianen durchzogen wird, durch die wiederum Energie fließt. In der Praxis unterscheiden sich beide Methoden nur wenig.

Inzwischen sind viele der anfänglichen Arbeitshypothesen über die Wirkungsweise überholt. Für den deutschsprachigen Raum bietet Dr. Michael Bohne, Facharzt für Psychiatrie und Psychotherapie und Begründer von PEP (Prozess- und Embodimentfokussierte Psychologie) eine Erklärung zum neuesten wissenschaftlichen Stand:
https://www.dr-michael-bohne.de/was-ist-pep.html.

Denn dass die Methode wirkt, ist unbestreitbar. Für mich gilt: Wenn etwas funktioniert, muss ich nicht die ganze Theorie dahinter verstehen, da bin ich pragmatisch.

Ich hoffe also, die Übung hat Ihnen Spaß gemacht und Ihr Stress ist bereits reduziert. Im Anhang finden Sie die Anleitung in Kurzform.

Sie können die Methode nicht nur bei Ärger, sondern auch in anderen Gefühlslagen anwenden: Zum Beispiel, wenn Sie

Ängste loslassen wollen. Oder wenn Sie Scham, Schuld und Eifersucht überwinden möchten. Auch wenn es darum geht, den Schmerz einer Zurückweisung zu lindern. Klopfen ist tatsächlich eine bestens wirksame Universallösung! Im Anhang finden Sie weitere Empfehlungen.

Falls Sie mehr über diese Möglichkeit zur schnellen Selbsthilfe wissen wollen, empfehle ich Ihnen das Buch „Klopfen befreit" von Susanne Marx. Klar und leicht verständlich beschreibt die Medizinerin und Wissenschaftsjournalistin die Grundlagen von EFT (Emotional Freedom Techniques) von Gary Craig. In ihrem kleinen Buch „Klopfakupressur kompakt" informiert sie über die effektivsten Klopftechniken.

Vier häufige Fragen zur Klopfakupunktur und ihre Antworten

Frage: „Ist das nicht nur eine Ablenkungsmaßnahme? Bei dem dauernden Klopfen auf die vielen verschiedenen Punkte ist es doch klar, dass man sich nicht mehr ärgert."

Antwort: Die Wirkung geht tiefer. Indem Sie die Akupunkturpunkte klopfen, entkoppeln Sie die emotionale Bewertung von der Erinnerung. Dadurch verschwinden die somatischen Marker. Die meisten Menschen empfinden bei dieser Übung eine zunehmende Distanzierung von der ehemals stressigen Situation und eine innere Beruhigung.

Frage: „Diese ganze Übung dauert ja unheimlich lang, gibt es da nicht eine Abkürzung?"
Antwort: Ja, die gibt es. Der Punkt seitlich am Auge ist der

Wichtigste und kann als Abkürzung dienen. Er liegt laut der Traditionellen Chinesischen Medizin (TCM) auf dem Gallenblasen-Meridian. Zur Ergänzung noch eine wenig bekannte Hintergrundinformation: Im TCM-Verständnis werden Leber und Gallenblase durch Ärger und Wut am meisten beeinträchtigt; insofern kommt es nicht überraschend, dass der Klopfpunkt seitlich am Auge zum Gallenblasen-Meridian gehört.

Zumindest im 20. Jahrhundert war Wut eine Emotion, die für Mädchen und Frauen unangebracht schien. Deshalb lernten viele Frauen, das Gefühl eher zu schlucken, als eine gute Form zu finden, ihre Wut auszudrücken. Hochinteressant in diesem Zusammenhang ist die Tatsache, dass wesentlich mehr Frauen unter Gallensteinen und Gallenkoliken leiden als Männer.

Auch bei Jungen gab es jahrhundertelang eine Emotion, die ungern gesehen wurde: Angst! In der chinesischen Lehre schädigt Angst am meisten die Nieren. Und schaut man sich die Fallzahlen von Nierensteinen und Nierenkoliken an, liegen hier eindeutig die Männer vorne. Nur dass Sie Bescheid wissen.

Noch eine Empfehlung: Sollten Sie gern mal hinter dem Lenkrad zum Rumpelstilzchen mutieren, dann nehmen Sie beim Klopfen bitte nicht beide Hände vom Steuer. Es genügt, nur neben *einem* Auge zu klopfen (sollte das jemand als „Vogel zeigen" missverstehen, verweisen Sie auf dieses Buch oder benennen Sie mich als Zeugin). Probieren Sie auch das aus! Wir sind nun mal Individuen, nicht alles wirkt bei allen gleich – manche Menschen spüren bei Punkt 6 am stärksten, wie das Ärgergefühl nachlässt, manche bei Punkt 9.

Frage: Was ist mit „Immer-wieder"-Situationen, kann man die auch wegklopfen?

Antwort: Wenn es jemanden in Ihrem Leben gibt, mit dem sie schon länger ein angespanntes Verhältnis haben, wenn dieser Ärger sich womöglich schon zum Groll ausgewachsen hat, dann reicht einmaliges Klopfen nicht aus. Denken Sie an eine spezifische Situation in dem ganzen personengebundenen Ärger und führen Sie die Übung Punkt für Punkt durch. Es kann sein, dass sie nicht auf 0 kommen, sondern dass der Wert erst ein wenig sinkt und dann wieder nach oben ansteigt.

Grund dafür sind die vielen Erinnerungs-Filme, die in Ihrem emotionalen Erfahrungsgedächtnis gespeichert liegen. Jedes Mal, wenn Sie eine Erinnerung „entstressen", also die Bewertung vom Ereignis abtrennen, holt Ihr Unterbewusstsein eine neue „alte" Erinnerung hervor und produziert dazu die passenden Körpersignale. Insofern kann es eine Weile dauern, bis Sie neutral auf diesen Menschen reagieren. Vielleicht finden Sie in diesem Buch ja noch eine weitere Übung, die den Vorgang zu beschleunigen hilft.

Frage: Kann ich damit auch eine Situation entschärfen, die noch vor mir liegt?

Antwort: Ja, auch eine vor Ihnen liegende Situation wird durch das emotionale Erfahrungsgedächtnis bewertet.

3.4 Ärger regulieren im Homeoffice: „Ich kann nicht mehr!"

Im März 2020 begannen für viele Menschen maximal herausfordernde Zeiten. Allerorten entstand anhaltende Unsicherheit, begleitet von oft existenziellen Sorgen. Eltern litten zudem unter der Doppelt-und-Dreifachbelastung von Arbeit im Homeoffice plus Kinderbetreuung plus Homeschooling. Kein Wunder, dass man von allen Seiten ein erschöpftes Seufzen hörte: „Ich hab' keine Energie mehr."

Die meisten täglichen Stimmungsverluste werden tatsächlich nicht von Ereignissen in der Größenordnung „Schicksalsschlag" verursacht. Es sind die kleinen, wiederkehrenden Behinderungen und Behelligungen, die uns urplötzlich die Laune verderben. Dazu kommt das Aufeinanderhocken im Homeoffice, der tägliche Kleinkram, kleine und große Streitereien. Und ja: Ärger ist ein weiterer Energie-Killer!

Mit sinkender Stimmung schwinden schließlich die letzten Kraftreserven. Was also tun?

Dass vielen Menschen die Arbeit im Homeoffice noch länger erhalten bleiben wird, ist mehr als wahrscheinlich. Schauen wir uns die bewusste Konstellation also genauer an.

Sobald in Familie oder Büro – und im Homeoffice ist ja beides mit von der Partie – unterschiedliche Wünsche, Pläne und Bedürfnisse aufeinanderprallen, wird die Stimmung schnell gereizt. Miese Laune wirkt ansteckend, das weiß jeder, Ärger ist sogar hochinfektiös, und so geht es allen Beteiligten sehr bald noch schlechter. Tatsächlich ist eine der Hauptursachen für Verdruss und Stunk, wenn jemand Ihre Vorhaben durchkreuzt oder Ihre Pläne vereitelt und damit verhindert, dass Sie Ihr aktuelles Ziel erreichen.

Das schaffen übrigens nicht nur Kinder (wobei diese eine besondere Begabung dafür haben), sondern jeder andere Mensch auch, der einen eigenen Plan verfolgt. Solange Sie selbst fokussiert auf Ihr Ergebnis hinarbeiten (können), funktioniert alles gut. Parallel führt ebendiese Fokussierung auf die aktuelle Aufgabe dazu, dass sich Ihre Wahrnehmung verengt.

Nun kommt jemand und stört Sie: Er oder sie hat ein Anliegen! Das kann der Kollege sein, der gerade eine Info von Ihnen will, das kann eine Kundin sind, die reklamieren möchte oder einen komplizierten Wunsch hat. Oder im Kinderzimmer bricht – wieder einmal – die Hölle los. Sie aber wollen Ihre Aufgabe weiter erledigen. Also versuchen Sie, die Störung möglichst schnell abzustellen. So weit, so gut.

Nach der zweiten Störung fangen Sie an, sich über die mangelnde Rücksicht der Umwelt zu ärgern.

Bei der dritten Unterbrechung spüren Sie den Anflug eines gewissen Brodelns in Ihnen.

Die vierte Unterbrechung reißt Sie mit Macht aus dem Arbeitsfluss; diesmal dauert es schon lange Minuten, bis Sie sich wieder in die Aufgabe eingefunden haben.

Wenn nun die eine Störung daherkommt, die Sie als „zu viel" empfinden – dann kann es sein, dass Sie explodieren. Und das nicht einmal, um Ihre Umwelt in Angst und Schrecken zu versetzen, die Explosion ergibt sich einfach aufgrund Ihrer konzentrierten Fokussierung aufs Ziel. Und um sich dieses Mal wieder (im wahrsten Sinne des Wortes) zu sammeln, brauchen Sie wahrscheinlich Stunden. Was für eine Energie- und Zeitverschwendung!

Das heißt: Wenn Sie mit mehreren großen und/oder kleinen Menschen in einer Wohnung leben und Ihr Leben auch im Modus „Homeoffice" erfolgreich gestalten wollen, benötigen Sie schnelle, effektive Methoden, um sich wieder regulieren zu können.

Tool: Der Drei-Fragen-Weckruf

Eine schöne Übung, mit der Sie hervorragend runter von der Palme kommen, ist der Drei-Fragen-Weckruf von Dan Millman. Atemübungen sind Gold wert: Sie kosten nichts, können überall und praktisch immer durchgeführt werden – und über die Atmung haben wir den leichtesten Zugang zum Bremspedal unseres Nervensystems, dem Parasympathikus.

Erste Frage: Atme ich?
Die erste Frage, die Sie sich stellen, lautet also: Atme ich?
„Was soll die Frage, natürlich atme ich!", werden Sie vielleicht denken – aber ich spreche hier vom richtigen, von der Natur lizensierten, amtlichen Atmen, und das meint: Bauchatmung!

Haben Sie schon einmal einem Baby beim Atmen zugesehen? Dann wissen Sie, dass sich sein Bauch dabei ausdehnt wie ein Luftballon. Babys und Kleinkinder atmen in den Bauch, genau wie die Natur es vorgesehen hat. Erwachsene jedoch haben diese gesunde, gute Bauchatmung häufig im Laufe der Jahre verlernt.

Besonders bei Stress (und Ärger *ist* Stress) verändert sich unsere Atmung unbewusst. Oft merken wir nicht, dass wir zu dann zu kurz und zu flach atmen. Unten in der Lunge kommt kaum noch etwas an, allenfalls unsere Schultern heben und senken sich beim Atmen. Das nennt man „Brustatmung" – und diese sollten Sie sich besser abgewöhnen. Auf lange Sicht führt diese Form des Atmens nämlich zu Bluthochdruck, Herzkrankheiten, Immunschwäche und Konzentrationsmangel.

Ursache für die flache Atmung ist übrigens nicht nur Stress plus schlechter Stressverarbeitung, sondern auch ein „modernes" Schlankheitsideal, das uns leitet: Um schlank auszusehen, ziehen viele Menschen ständig und unbewusst den Bauch ein. Mit angespannten Bauchmuskeln kann aber kein Mensch tief in den Bauch atmen.

Also, atmen Sie? Testen Sie doch mal Ihre Atemtechnik:

• Wenn Sie Ihre Hand auf den Bauch legen, hebt sich dann Ihre Bauchdecke beim Einatmen? Senkt sie sich wieder beim Ausatmen? Dann atmen Sie richtig.

• Falls Sie mit Ihrer Hand beim Atmen kaum ein Auf und Ab Ihrer Bauchdecke spüren, dann atmen Sie in die Brust.

• Falls Sie feststellen, dass Sie zu flach oder schnell atmen, dann verändern Sie Ihre Atmung: Atmen Sie ganz bewusst und langsam 3- bis 5-mal in den Bauch ein und wieder aus.

Die gute, gesunde Bauchatmung lässt sich tatsächlich ganz einfach wieder erlernen, und nicht nur das, mit entsprechender Übung können Sie sie wieder zur gesunden Standardatmung werden lassen.

Setzen oder legen Sie sich ruhig hin, legen Sie eine Hand auf den Bauch und atmen Sie tief durch die Nase ein. Spüren Sie, wie der Atem die Lungen füllt und sich bis in den Bauchbereich ausdehnt.

Atmen Sie nun wieder tief aus, durch Mund oder Nase, und kontrollieren Sie bei jedem Atemzug, ob sich Ihre Bauchdecke leicht wölbt und dann wieder senkt. Üben Sie das anfangs täglich und spüren Sie den angenehmen Unterschied!

Die zweite Frage: Bin ich entspannt?

Mit Ärger und Stress geht immer auch eine Erhöhung der Muskelspannung einher – Sie erinnern sich, der Steinzeitmensch in uns will kämpfen! Dafür braucht er Energie im Oberkörper. Ist Ihnen schon mal aufgefallen, dass manche Menschen automatisch die Fäuste ballen oder die Zähne zusammenbeißen, wenn Ärger in ihnen aufwallt? Jetzt kennen Sie den Grund.

Fühlen Sie doch mal in sich hinein. Was ist mit Ihren Schultern? Sind sie vielleicht ein wenig hochgezogen? Und Ihr Nacken, spannen Sie den gerade unbewusst an?

Wenn Sie jetzt feststellen, dass Sie gerade sehr angespannt sind, dann gehen Sie mit Ihrer Aufmerksamkeit ausgiebig durch Ihren ganzen Körper und lösen Sie bewusst die

(An)Spannung am jeweiligen Punkt. Entspannen Sie alles, was sich angestrengt, eng oder zusammengezogen anfühlt. Streichen Sie auch einmal sanft über die Konzentrationsfalte zwischen den Augen, bis sie sich glatt anfühlt. Denn wenn Sie Ihre Augenbrauen zusammenziehen, schauen Sie sich, andere und die Welt viel kritischer an.

Und nun die dritte Frage: Tue ich das, was ich tue, mit der größtmöglichen Anmut?
Wer gerade verärgert und gereizt am Computer sitzt, weil ein Text plötzlich verschwunden ist, und dies wiederum, weil man dummerweise vergessen hat, das Dokument zu speichern, der wird vermutlich nicht wie eine zartgliedrige Fee geschmeidig Buchstaben in den Computer fließen lassen. Wahrscheinlicher ist, dass dieser Mensch ruppig auf der Tastatur herumhackt. Von Anmut keine Spur, oder? Wobei im Kontext von Ärger ja „Anmut" ohnehin eher überraschend daherkommt. Einer der Gründe, weswegen diese Übung so gut wirkt!
Mich bringt in der Regel schon die Vorstellung eines anmutigen Verhaltens zum Lächeln. Was das genau ist und wie Sie nun „Anmut" definieren, kommt ganz auf Sie an. Für mich sind kleine oder große Katzen der Inbegriff von Anmut: Katzenbabys, die elegante Bengal-Katze einer Freundin, Leoparden! Allein wenn ich mir ihr Bild in den Kopf hole, fange ich an, mich anders zu bewegen. Andere Menschen denken vielleicht an Angelina Jolie oder eine Primaballerina. Welches Bild kann das bei Ihnen schaffen?
Übrigens, falls Sie schon lachen müssen, wenn Sie sich die

„größtmögliche Anmut" lediglich vorstellen, haben Sie gewonnen. Dann hat der Ärger keinen Raum mehr in Ihnen.

Warum wirkt diese Übung? Wie schon beschrieben, haben wir in der Regel schlechte Karten, wenn wir uns bei großem Ärger „zusammenreißen" wollen oder sollen. Um Ärger- oder Stressgefühle schnell zu reduzieren, ist der Weg über den Körper ein deutlich leichterer! Das Bremspedal in unserem Körper – der Parasympathikus – lässt sich wunderbar über eine langsame Atmung aktivieren, damit beruhigen wir uns. Mit einem langen, langsamen Ausatmen signalisieren wir unserem Gehirn gleichzeitig, dass wir der Gefahr entronnen sind.
Genauso verhält es sich, wenn wir angespannte Muskeln bewusst wieder lockern, egal ob den Schultergürtel oder geballte Fäuste. Zum Glück steht uns ein guter willentlicher Zugang zu dieser Entspannung offen, und die wiederum hat einen Rückkopplungseffekt auf den kampfbereiten Stoffwechsel und unsere Emotionen.
Was nun den dritten Punkt, die Anmut, angeht – bedenken Sie, womit Menschen sich gern mal abreagieren (oder sich abreagieren würden), wenn sie gestresst, wütend, sauer sind. Genau: indem sie mit den Füßen etwas wegtreten oder kurz irgendwo reinhauen (wollen).

Beide Bewegungen sind allerdings Lichtjahre von dem entfernt, was wir unter Anmut verstehen. Das heißt, Sie trainieren mit dem bewussten Einschalten des „Anmut-Modus" den zügigen Wechsel in eine gute Stimmung.

Hier eine kurze Zusammenfassung der Methode für den „Schnelldurchlauf":

Zusammengefasst: Der Drei-Fragen-Weckruf

1. **Atme ich?**
   Atmen Sie ganz bewusst und langsam 3- bis 5-mal in den Bauch ein und wieder aus. Spüren Sie, was in Ihrem Körper geschieht.

2. **Bin ich entspannt?**
   Wandern Sie mit ihrer Aufmerksamkeit durch Ihren Körper und entspannen Sie bewusst jeden Bereich, der gerade angespannt ist.

3. **Tue ich das, womit ich mich gerade beschäftige, mit der größtmöglichen Anmut?**
   Wenn nicht, dann tun Sie es jetzt.

Tool: Die Ärger-Transformationsatmung

Eine weitere Methode, um – nicht nur im Homeoffice – Ärger zügig loszuwerden und gleichzeitig neue Kraft zu tanken, ist die Ärger-Transformationsatmung. Wenn wir uns ärgern, setzt unser Körper Energie frei. Statt nun zu versuchen, diese hochschießende Kraft angestrengt zu unterdrücken, können wir auch lernen, sie zu nutzen. Mit dieser einfachen und hochwirksamen Übung entspannen Sie sich nicht nur, sondern schöpfen aus dem Alltagsärger neue Kraft.

- Sobald Sie das aufkommende Wutgefühl bemerken, beginnen Sie damit, sich auf Ihren Atem zu konzentrieren.
- Verlängern Sie Ihre Ausatmung: Denn langes Ausatmen wirkt in unserem Steinzeit-Gehirn wie das Loslassen des angespannten Atems nach einer gefährlichen Situation: „Ffff, gerade noch dem Säbelzahntiger entkommen!" Zählen Sie beim Ausatmen bis 8, lassen Sie alle Luft heraus.
- Machen Sie am Ende des Ausatmens eine kleine Pause und zählen Sie dabei bis 2.
- Atmen Sie wieder in den Bauch ein und zählen Sie bis 4.

Also einatmend bis 4 zählen, ausatmend bis 8 zählen, kurze Pause. Mehr ist es nicht! Wiederholen Sie diesen kleinen Zyklus 5 bis 10 Mal. Sie werden danach feststellen, dass Sie sich spürbar beruhigt haben.

Die Übung hat noch einen tollen Nebeneffekt. Stellen Sie sich vor, Sie sitzen in einem Meeting und Kollegin Müller greift Sie in einem Nebensatz an. Da sie direkt weiterspricht, bleibt

Ihnen etwas Zeit, um sich zu sammeln: Genau der richtige Zeitpunkt für die Transformationsatmung! Denn nach ein paar gezielten, bewussten tiefen Atemzügen sind Sie heraus aus der Falle, im spontanen Ärger destruktiv etwas herauszuhauen – stattdessen werden Sie eine durchdachtere Antwort geben können.

Übrigens, dank der guten Atmung verhilft die Übung Ihnen auch noch zu einer kräftigeren Stimme, wenn Sie sich zu Wort melden. Wie oben schon gesagt, Atemübungen sind Gold wert!

3.5 Der regt mich auf, die bringt mich zur Weißglut! Wenn Sie sich über andere ärgern

Die meisten amtlichen Rumpelstilzchen neigen dazu, schnell in die Luft zu gehen. Dann werden sie manchmal unfair und harsch, schimpfen und beschuldigen auch ihre Lieben.

Die meisten Rumpelstilzchen wollen aber so nicht sein.

Diese Menschen benötigen also praktikable, einfache Hilfsmittel, um den Turbo-Flug auf die Palme a) zu verhindern oder b) schnell zu beenden. Wenn Sie sich über eine Person aufgeregt haben, bringt Sie die Übung „Was will ich wirklich?" schnell runter von der Palme.

Sie ist eine meiner bevorzugten Methoden – aus dem simplen Grund, weil sie praktisch immer funktioniert.

Auf diese Übung kam ich vor langer Zeit, ganz am Anfang der Beziehung zu meinem heutigen Mann. Er war damals Student und verdiente sich das Studium mit Nebenjobs; ich selbst machte berufsbegleitend meine Ausbildung zur Heilpraktikerin. Unter der Woche waren wir also ausgelastet. Was wir jedoch *immer* schafften, ungeachtet aller Freude, dass wir die Wochenenden für uns hatten, war: einen gepflegten Krach am Freitagabend hinzulegen. Und zwar aus dem Nichts. Hinterher wussten wir oft nicht mehr, was überhaupt zu dem Streit geführt hatte.

Wer Krach hatte, wünscht sich im Anschluss meist Harmonie; nur wenige Menschen sind scharf auf langanhaltende Konflikte. Immer wieder fragte ich mich, wie um alles in der Welt dieser ominöse, unschöne Freitagabend-Krach wieder in häuslichen Frieden überführt werden konnte. Und stieß eines Abends auf die beste aller kinesiologischen Übungen; sie fiel mir praktisch in den Schoß.

Die Methode besteht aus nicht mehr als drei Fragen und bringt Sie binnen kurzer Zeit in einen friedlichen Zustand. Und dies sind die drei Fragen:

1. Was fühle ich?
2. Was will ich?
3. Was bin ich bereit, dafür zu tun?

1. Was fühle ich?

Sie sind wütend, verärgert, sauer, gekränkt? Dann setzen Sie sich an einen Tisch und stützen Sie Ihre Ellbogen auf. Berühren Sie mit den Fingerspitzen Ihre Stirn.

Jetzt machen Sie Ihrem Ärger ordentlich Luft! Schimpfen Sie nach Herzenslaune (stumm in Gedanken oder auch laut, wenn niemand Sie hört). Werfen Sie der anderen Person alles vor, was Sie verletzt hat oder ärgert. Machen Sie das so lange, bis Sie spüren, dass Sie ruhiger werden.

Und Sie *werden* ruhiger werden: Denn während Sie Ihre Stirn berühren, aktivieren Sie damit sogenannte neurovaskuläre Punkte. Diese helfen uns, emotionalen Stress zu reduzieren.

Jetzt stellen Sie sich vor, dass Sie der anderen Person in die Augen schauen und sagen: „Ich vergebe dir."

Sollte sich nun Widerstand in Ihnen regen, haben Sie sich offenkundig *sehr* heftig geärgert und noch nicht genügend emotionalen Druck abgelassen. Schimpfen Sie also eine weitere Runde – und behalten Sie dabei unbedingt die Hand an der Stirn, die gleichzeitige Berührung ist zur Regulierung ausschlaggebend!

Vergeben heißt übrigens nicht, gutzuheißen, was geschehen ist. Es bedeutet nur, dass Sie sich von Ihrem emotionalen Stress lösen. Denn erst in dem Moment, wenn wir innerlich ruhig werden, können wir eine echte Wahl treffen, *wie* wir handeln wollen.

Irgendwann werden Sie spüren, dass Ihr innerer Tumult sich beruhigt. Dann wiederholen Sie den Satz „ich vergebe dir". Falls es immer noch in Ihnen rumort, wiederholen Sie die Sequenz „schimpfen, vergeben und prüfen, was ich fühle", bis Sie ganz ruhig bleiben können.

Erst dann stellen Sie sich die zweite Frage.

2. Was will ich?

Könnte es vielleicht sein, dass Sie nur eins wollen, nämlich dass die bewusste Person, mit der es gekracht hat, sich auf der Stelle bei Ihnen entschuldigt?

Tut mir leid, auf das Verhalten anderer Menschen haben wir keinen Einfluss. Auf uns selbst jedoch schon. Also atmen Sie nun mehrmals tief ein und aus und erinnern Sie sich dann konkret an das Ziel, das Sie *vor* dem Streit hatten. Während eines Disputs vergessen wir nämlich meistens, womit wir gerade beschäftigt waren.

Oder Sie überlegen sich ein „immer gültiges" Ziel. Bei mir war das damals einfach: Ich wollte einen schönen Tag haben – und das mit meinem Freund!

Sobald das Ziel klar ist, folgt die dritte Frage.

3. Was bin ich bereit, dafür zu tun?

Mit dieser Frage übernehmen Sie wieder die Verantwortung. Die Frage macht Ihnen bewusst, dass es Optionen gibt, dass Sie selbst festlegen können, *wie* Sie sich in einer bestimmten Situation verhalten.

Mein Freund zum Beispiel, der Stressdickhäuter, konnte eine miese Stimmung wesentlich besser und länger aushalten als ich. Somit war klar: Wenn ich mein Ziel erreichen wollte, musste *ich* den ersten Schritt zur Versöhnung unternehmen. Als mir bewusst wurde, dass ich das für mich und nur für mich tue, wurde es plötzlich leicht. Ich fand folgende Lösung für die Gesprächswiederaufnahme: „Ich entschuldige mich nicht für das, was ich gesagt habe, jedoch für die Art und Weise, wie ich es gesagt habe. Lass uns herausfinden, was genau wir wollen."

Heute, mit jahrzehntelanger Übung, benötige ich nur noch eine der drei Fragen, um aus dem Ärger herauszufinden: Es genügt, mich daran zu erinnern, was ich wirklich will.

Tool: Sauer, wütend, verärgert? 3 Quickies zur Beruhigung

1. Sie sind gerade zornig? Nehmen Sie einen Bleistift, stecken Sie ihn quer in den Mund und beißen Sie mit den Eckzähnen leicht und vorsichtig darauf. Mit einem Bleistift quer im Mund können Sie sich schlicht nicht ärgern: Denn wenn Sie mit Ihren Zähnen den Bleistift halten, aktiviert das Ihre Lachmuskeln! Ihr Gehirn schafft es nicht, die Emotion „Ärger" aufrechtzuerhalten, während gleichzeitig „Lachen" aktiviert wird. Sie glauben mir nicht? Probieren Sie es aus ...

2. Sie haben gerade keinen Stift zur Hand oder werden beobachtet? Dann nutzen Sie Ihren Verstand und folgende Rechenübung, um runterzukommen: Starten Sie mit einer beliebigen Zahl (zum Beispiel 1113). Davon ziehen Sie 7 ab. Vom Ergebnis 1106 subtrahieren Sie wieder 7. Fahren Sie immer weiter so fort, etwa drei Minuten lang. Konzentrieren Sie sich in dieser Zeit bestmöglich auf die einzelnen Rechenschritte. Sie werden merken, das kühlt!

3. Sie wollen ganz schnell runterkommen? Dann atmen Sie langsam und ruhig ein und aus und sagen sich dabei: „Mit meinem Einatmen schenke ich mir ein Lächeln, mit meinem Ausatmen gebe ich mir Frieden." Lächeln Sie, auch wenn Ihnen vielleicht nicht danach zumute ist. Ihr Gehirn registriert sowohl das Lächeln als auch das Wort „Frieden" in seiner ganzen Bedeutung.

3.6 Bei sich bleiben statt außer sich geraten: 6 Fragen helfen

Menschen sind Individuen, das wissen wir. Auch Ärger ist eine höchst individuelle Angelegenheit. Es kann also auch in der Lösungsfrage kein „one size fits all" geben.

Im letzten Kapitel habe ich Ihnen vorgestellt, wie Sie mit drei bestimmten Fragen wieder aus dem Ärger herausfinden. Vielleicht ist das Tool für Sie bereits eine probate Lösung – probieren Sie die folgende Methode trotzdem aus. Wer weiß, ob sie bei Ihnen noch besser wirkt!

Hier bekommen Sie es nicht mit drei, sondern mit sechs Fragen zu tun: gleiches Ziel, ein anderer Lösungsweg. Auch diese Bleib-cool-Methode stammt von Gretchen Rubin; offenbar hat die Autorin ein ähnlich explosives Temperament wie ich.

Und so geht's:

Nichts ist ärgerlich oder nervig, solange man es nicht als nervig und ärgerlich bewertet. Wenn es also mal wieder mit Ihnen durchzugehen droht, Sie aber noch Zugriff auf einen Rest Selbstbeherrschung haben, um mit sich selbst in Diskussion zu treten, dann stellen Sie sich folgende Fragen:

1. **Liegt der Fehler bei mir?**

   Ich bekenne, und das allem Training zum Trotz: Wenn etwas falsch läuft, ist *mein* erster Impuls für gewöhnlich, den Fehler bei anderen zu suchen, da kenne ich nichts! Bekanntlich erledige ich verantwortlich und mit großem Überblick meine Aufgaben richtig, also kann ich die Sache auch nicht verbockt haben, ist klar. Das unrühmliche Resultat? Noch immer rutscht mir in solchen Momenten gelegentlich ein herber Anschnauzer heraus (der mir hinterher immer leidtut). Und wie ist das bei Ihnen – ticken Sie auch so?

Wenn ich mir das eigentlich Selbstverständliche bewusst machen, dass nämlich der Fehler durchaus auch *mir* passiert sein kann, dann schaffe ich es, Kritik zähneknirschend, aber ohne harsche Gegenreaktion hinzunehmen.

2. **Löst das irgendein Problem?**
Besonders ärgerlich sind wiederkehrende Situationen, wenn man doch beim letzten Mal eindeutig klargemacht hat, wie es zu sein hat. Zumindest in der eigenen Vorstellung gibt es da ja eindeutige Regeln und Verhaltensweisen, nicht wahr? Und warum bitte hält sich das Gegenüber dann nicht daran?
Es ist ein Fakt, mit dem man leben muss: Andere Menschen haben andere Gewohnheiten und andere Sichtweisen auf die Welt. Sie anzuschnauzen, verändert also gar nichts. Es führt allenfalls dazu, dass sich *alle* schlecht fühlen.

3. **Verbessere ich die Situation?**
Mein Sohn hatte als kleiner Junge die Angewohnheit, bei der mütterlichen Anordnung „Zimmer aufräumen!" alles

mit Schwung in seinen Kleiderschrank zu stopfen, was in seinem Zimmer auf dem Boden herumlag. Das umfasste auch dreckige Fußballschuhe, feuchte Handtücher, angebrochene Getränkepackungen und ähnlich Unappetitliches. Mit einer offenen Flamme in die Nähe zu kommen, wäre vermutlich glatter Selbstmord gewesen. Ich reagierte regelmäßig äußerst ungehalten. Und Frage 2 („Löst das irgendein Problem?") half hier nicht weiter: Selbst mein rhetorisch gut beschlagener Sohn konnte mir nicht erklären, was an seiner Variante des Schrank-Vollstopfens sinnvoll sein sollte.

Wenn ich ihn jedoch anblaffte, eskalierte die Situation rasend schnell; dann wurde wiederum er fuchsteufelswild. Mit dem Wissen um den voraussichtlichen Ausgang der Sache – Mutter tobt, Sohn tobt, die Hölle brennt – wäre es wesentlich effektiver und auch liebevoller gewesen, ruhig zu bleiben. Hätte ich diese sechs Fragen nur damals schon gekannt!

Wenn Sie sich den Ausgang einer Situation also bei gewohntem Ablauf schon vorstellen können, dann setzen Sie genau hier an. Falls das, was Sie als Reaktion im Sinn haben, die Situation nicht verbessert, dann tun/sagen Sie etwas anderes.

4. **Habe ich mich selbst unter Zeitdruck gebracht?**
Ich neige dazu, schnell noch kleine Pflichten zu erledigen, kurz bevor ich außer Haus muss. Noch zehn Minuten Zeit? Das reicht locker, um „schnell noch" die Waschmaschine

einzuschalten oder das Geschirr aufzuräumen. Allerdings schrumpft dann mein Zeitfenster entsprechend, das liegt auf der Hand. Sobald sich nun eine Verzögerung anbahnt, rauscht mein Ärger-Pegel sogleich in die Höhe.

Nachdem ich erkannt hatte, dass man Zeitfenster auch als echte Pausen sehen und nutzen kann, statt sie „schnell noch" mit Tätigkeiten zu füllen, änderte sich spürbar etwas. Zum einen sind die Pausen gut, um Energiereserven zu füllen, zum anderen schiebe ich damit meiner gereizten Ungeduld den Riegel vor. Ja, ich übe noch.

5. **Ist mir gerade unwohl?**

Es gibt viele Menschen, die nicht merken, dass sie hungrig oder müde sind. Oder dass sie sich gar mit Schmerzen herumplagen. Ohne ersichtlichen Grund reagieren sie dann schnell gereizt und verärgert. Sollte Ihnen nun dämmern, dass Sie ebenfalls so ticken, dann versuchen Sie, bewusst und gut für sich zu sorgen: Machen Sie Pausen. Haben Sie immer eine Kleinigkeit zu essen dabei; ein Tütchen Nüsse oder ein Schokoriegel als Notration passt in jede Handtasche. Und bitte kümmern Sie sich um Ihre Schmerzen.

6. **Kann ich das Absurde in der Situation sehen?**

Über sich selbst und eine ärgerliche, aber im Grunde blödsinnige Situation lachen zu können, ist sicher die effektivste und schönste Art, der Ärger-Falle zu entgehen. Vieles im Leben ist einfach Slapstick. Das Absurde der Situation zeitnah oder gar im Moment des Geschehens zu sehen, gelingt jedoch nicht allen Menschen auf Anhieb.

Überlegen Sie sich also erst einmal im Nachgang, wie die Situation wohl im Comic gewirkt hätte. Oder was eine gute Komödien-Regisseurin aus der Situation gemacht hätte. Sobald Sie etwas finden, was Sie schmunzeln lässt oder womit Sie sich selbst auf die Schippe nehmen können, haben Sie in Ihrem Gehirn eine neue Wahlmöglichkeit für die Zukunft angelegt.

Tool: *Runterkühlen mit der Vulkanübung*

Erinnern Sie sich noch an den alten Schlagerhit aus den Siebzigern, in dem Tony Holiday mit wippenden Hüften die Vulkanglut einer unbekannten Schönen besingt? Nun stellen Sie sich vor, Sie wären es, die soeben hochkocht. Sie hätten sich nämlich gerade heftig über Kollegin Mustermann geärgert. Oder über den zu Besuch weilenden Onkel Rolf-Dieter.

Trotz Ihres grummelnden Ungehaltenseins ist Ihnen bewusst, dass dieser Ärger vor allem Ihnen selbst schadet. Schreiten Sie also nun zur Tat und fragen sich als Erstes: „Wie sehr will ich mich darüber ärgern?"

Denn egal, was passiert ist oder was gesagt wurde, es ist nicht mehr zu ändern. Ob und wie sehr Sie sich ärgern, Ihre Kollegin wird deswegen nicht aufhören zu meckern und auch Onkel Rolf wird nicht darin nachlassen, Sie erfolgreich zu nerven.

Überlegen Sie sich also auf einer Skala von 1 bis 10, wie intensiv Sie sich jetzt über diese Angelegenheit ärgern möchten. Die 1 bedeutet, die Sache soll Sie komplett kaltlassen. Und 10 steht für „Ich habe große Ambitionen, hochzugehen wie der Vesuv im Jahre 70 n. Chr."

Nun stellen Sie sich vor, Sie könnten diese Skala wie einen Temperaturregler bedienen. Genau, schieben Sie mal den Regler nach unten oder nach oben! Frei nach Tony Holiday: Tanzen Sie Samba mit der Temperaturskala.

Fast unweigerlich wird nun Folgendes passieren: Während Sie

gedanklich den Temperaturregler nach oben oder nach unten bewegen, werden Sie beginnen, sich ganz leicht zu amüsieren. Oder den Kopf zu schütteln. Denn dann merken Sie, wie lächerlich das im Grunde gerade ist: „Soll ich mich jetzt mit Vorsatz auf Stufe 8 ärgern? Oder will ich mich nur auf Stufe 5 ärgern?"

Diese Übung hilft Ihnen, den dringend benötigten Abstand zwischen sich und Ihren Ärger zu legen. Sie ziehen sich also selbst aus dem akuten Reaktionsprozess heraus und werden zur teilnehmenden Beobachterin: Damit können Sie *wählen*, wie Sie jetzt mit der Energie des Ärgers umgehen wollen. Und bitte erinnern Sie sich primär daran, was eigentlich Ihr Ziel war, bevor Sie anfingen, sich zu ärgern.

Wenn ein Anrufer überkocht: Vulkan-Übung 2

Falls Sie öfter mal unangenehme Anrufe erhalten oder vielleicht sogar im Kundendienst arbeiten, wo Reklamationen zu Ihrem täglichen Brot gehören, können Sie die Ärgerskala auch noch anders nutzen. Stellen Sie sich vor, Sie hätten einen aufgebrachten Anrufer in der Leitung. Und nun ziehen Sie schnell die Ärgerskala heran, um Distanz zwischen sich und den Anrufer zu bringen.

Während dieser sich noch Luft macht, überlegen Sie im Stillen: „Auf einer Skala von 1 bis 10, wie viel Ärger zeigt der Anrufer gerade?" Nehmen wir an, Sie ordnen dessen Schimpfkanonade bei 9 ein. Dann können Sie sich die sportliche Aufgabe stellen: „Wie schnell bekomme ich ihn runter auf eine 7?" Oder: „Wie schaffe ich es, ihn in diesem Telefonat auf eine 5 zu bekommen?" Oder auch ganz allgemein: „Wie stark kann ich durch mein Verhalten seinen Ärgerpegel senken?"

Ich verspreche Ihnen jetzt etwas: Sich nicht vom Schimpfen und der Wut des Anrufers anstecken zu lassen, wird Ihnen enorm helfen! Viele Menschen, die diese Übung ausprobiert haben, berichteten mir auch, dass sie wieder mehr Spaß an ihrer Arbeit haben – selbst die ganz Leidgeprüften aus Callcentern und Hotlines.

3.7 Einfach aufhören! Über das Dampf-Ablass-Fasten

Nichts spricht dagegen, seinem Frust und Ärger auch einmal laut Luft zu machen. Doch ewig im Jammertal hängen zu bleiben, verhindert Lebensqualität und Glück. So kommt es, dass viele Menschen einen Großteil ihrer Lebenszeit mit nörgelndem Ärger und ärgerlichem Nörgeln verbringen. Einige wenige jedoch scheinen einen Geheimtrick zu beherrschen: Sie verfügen über die Fähigkeit, die Energie von Frustration und Wut in Erfolg zu verwandeln.

Sollten Sie an dem Punkt angelangt sein, dass Ihnen Ihre eigene Gereiztheit und Launenhaftigkeit auf die Nerven geht, dann können Sie ab jetzt vom „Dampf-Ablass-Fasten" profitieren. Die Methode wurde von der amerikanischen Autorind und Life Coach Martha Beck entwickelt und führt Sie auf eine höhere Ebene des Miteinanders, des Seins, des eigenen Lebens.

Dampf-Ablass-Fasten: So geht es

- Für einen bestimmten Zeitraum, zum Beispiel eine Woche oder einen Monat, stoppen Sie einfach, sich laut aufzuregen, sich über jemanden zu beklagen, zu jammern. Sie hören einfach auf damit. Punkt, aus, Ende. Stopp!

- Wird der Drang zu groß, sich aufzuregen, dann lassen Sie alles raus – aber nicht mit einer Schimpftirade, sondern in der Stille und schreibend auf Papier. Beginnen Sie mit den Worten: „Ich bin verärgert über …". Dann beschreiben Sie, was auch immer Sie gerade nervt.

- Überlegen Sie sich zumindest eine Handlung, eine einzige kleine Aktion, mit der Sie Ihre frustrierende Situation verändern können. Schreiben Sie diese auf.

- Falls Ihnen keine positive Handlung einfällt, dann widerstehen Sie weiterhin der Versuchung, laut zu schimpfen. Irgendwann wird Ihr Frustrationspegel so ansteigen, dass Sie „Ich bin so aufgebracht, dass ich nur noch ... tun will" denken. Schreiben Sie auch das auf: Was genau wollen Sie machen, so verärgert, wie Sie gerade sind?

- Und nun tun Sie es!
  Beenden Sie die Beziehung mit der Freundin, die sich nur dann bei Ihnen meldet, wenn sie etwas von ihnen will, jedoch nie für Sie da ist.
  Sagen Sie „nein" zu dem Kumpel, dem Sie beim Umzug helfen sollen, der aber immer verhindert ist, wenn es bei Ihnen etwas zu schleppen gibt.
  Hören Sie auf, der Nachbarin auszuhelfen, die Geliehenes nie von alleine zurückbringt.
  Sprechen Sie endlich mit Ihrem Chef über die unhaltbaren Zustände oder kündigen Sie die energiezehrende Arbeitsstelle.

Sie sehen schon, diese Methode ist nichts für Feiglinge. Und außer einer gehörigen Portion Mut brauchen Sie auch noch Willenskraft. Plus die nötige Energie, um nicht gleich wieder einzuknicken. Darüber hinaus ist es nicht ganz ungefährlich, das ganze Schimpfen und Klagen herunterzufahren, also das

Dampf-Ablass-Fasten zu praktizieren. Es bleiben Ihnen dann nämlich nur zwei Möglichkeiten, mit dem ansteigenden Druck umzugehen: Entweder Explosion – oder Aktion.

Die erste wird absehbar Ihre Beziehungen und/oder ihr Leben beschädigen. Die zweite verändert unvermeidlich den Status quo. Wenn Sie der Methode des Dampf-Ablass-Fastens folgen, werden Sie mit hoher Wahrscheinlichkeit implizite oder explizite soziale Regeln brechen, die bisher Ihr Leben beherrscht haben. Bereiten Sie sich darauf vor, dass sich das immer wieder aufs Neue beängstigend anfühlen kann.

Es lohnt sich aber immens, auf diese Weise die Kraft Ihres Ärgers zu nutzen. Wenn Sie am Ball bleiben, werden Sie möglicherweise plötzlich feststellen, dass Sie sich in eine ganz neue, ganz andere Richtung entwickeln, dass Sie dabei sind, sich ein besseres Leben zu erschaffen.

Sie könnten sich sogar zu einem ganzen Leben ohne Klagen und Ärgern entscheiden.

3.8 Der Weg der Meister: Wie Sie die Kraft der Frustration nutzen

"Jeder kann wütend werden, das ist einfach. Aber wütend auf den Richtigen zu sein, im richtigen Maß, zur richtigen Zeit, zum richtigen Zweck und auf die richtige Art, das ist schwer." (Aristoteles)

Die letzte Passage dieses Buches widmet sich dem Königsweg, um mit Ärger umzugehen: dem Weg der Meister, dem Weg des Friedens. Schon Mahatma Gandhi, Nelson Mandela oder Mutter Teresa wählten diesen Weg: Sie wussten, wie man die Kraft der Frustration und die Energie der Wut nutzt. Mit dieser können Menschen Schwierigkeiten überwinden, schreckliche Zustände beenden und eine bessere Welt erschaffen.

Lassen Sie mich einige Fakten mit einer kleinen Pirouette rekapitulieren: Erstens, Ärger wird ausgelöst, wenn man Sie daran hindert, Ihr Ziel zu erreichen. Zweitens, Ärger entsteht auch dann, wenn Ihre Amygdala der Ansicht ist, hier geschehe gerade etwas Kränkendes, Ehrenrühriges oder Gefährliches. Das dritte große Feld ist der Bereich Ihrer Werte. Sobald jemand (oder etwas) Ihre persönlichen Werte verletzt, springt Ihre Kampfreaktion an.

Gandhi sagte über sich selbst: „Es ist nicht so, dass ich nicht ärgerlich werde. Aber ich mache meinem Ärger keine Luft."
An anderer Stelle schrieb er: „Wie gespeicherte Hitze in Energie umgewandelt werden kann, so kann auch kontrollierter

Zorn in eine Kraft verwandelt werden, die die Welt bewegen kann." Indem Gandhi es unterließ, Unmut und Frustration laut zu äußern, überführte er seine Ärger-Energie in den langen Atem, der nötig war, um das Unrecht in Indien zu beenden.

Ohne die Kraft der Wut wäre es auch für Nelson Mandela, Mutter Teresa und andere Menschen, die sich gegen Unrecht zur Wehr setzen, unmöglich gewesen, all die Jahre immer weitermachen zu können. Um das Beispiel des Dampfs wieder aufzunehmen: Statt die Wut entweichen zu lassen wie Dampf aus einem offenen Topf, nutzten sie vielmehr die Hitze der Wut so, wie Wasserdampf als Antrieb bei einer Dampflok genutzt wird. Es ist brennende Kohle, die sie anfeuert, bei einer Temperatur von rund 1000 Grad. Alsbald beginnt das Wasser im Heizkessel zu kochen, Wasserdampf entsteht. Je mehr der Druck im Kessel steigt, desto mehr Energie steht zur Verfügung. Der steigende Druck könnte nun zu einer gigantischen Explosion führen!

Stattdessen wird die kochend heiße Energie in mechanische Arbeit umgewandelt: Durch einen kleinen Auslass wird der Dampf zum Zylinder geleitet, der nun wiederum einen Kolben anzutreiben beginnt.

Die Lokomotive setzt sich in Bewegung.

Und zieht Waggon für Waggon hinter sich her.

Sie wollen große Veränderungen erreichen? Dann sammeln Sie alles, was in Ihnen köchelt, kocht, brodelt oder dampft. Und ändern Sie, was in Ihrer Welt nicht stimmt.

Mensch, ärgere dich – aber richtig.

IV. Anhang

Kurzanleitung Klopfakupunktur

1. Bestimmen Sie auf einer Skala von 0 bis 10 die Stärke Ihres Ärgers in Bezug auf Ihre Situation oder das Thema, wobei 0 keinen Stress und 10 den größten Stress bedeutet.

2. Erinnern Sie sich durch die ganze Klopfsequenz an die spezielle Ärger-Situation.

3. Klopfen Sie den Handkantenpunkt HK (am Grundgelenk des kleinen Fingers). Sprechen Sie dazu: „Auch wenn ich mich noch immer über XY ärgere, akzeptiere ich mich so, wie ich bin."

4. Klopfen Sie die Akupunkturpunkte (zwischen 5 bis 25 Mal pro Punkt) in der Reihenfolge:
   - KF (am inneren Nagelfalz des kleinen Fingers) und sagen/denken Sie dabei: „Ich mache mich frei von diesem Ärger."
   - SA (in der Kuhle neben dem Augenaußenwinkel)
   - SB (in der Kuhle unter dem Schlüsselbein neben dem Brustbein)

5. Ordnen Sie den Stress in Bezug auf die Problematik wieder auf einer Skala von 0 bis 10 ein. Ist die Zahl nicht niedriger als zuvor, wiederholen Sie die Klopfsequenz (zwei- bis dreimal).

6. Führen Sie nun die Gehirnbalance durch: Klopfen Sie den Serienpunkt (SP auf dem Handrücken zwischen den Mittelhandknochen des Ring- und kleinen Fingers) während der folgenden Übungen:
   - Bewegen Sie Ihre Augen, während der Kopf entspannt in der Mitte ruht, einmal im Uhrzeigersinn rundherum und einmal gegen den Uhrzeigersinn
   - Summen Sie dabei
   - Danach laut zählen bis 5, während die Augen weiter „kreisen"
   - Wieder summen

7. Wiederholen Sie die Klopfsequenz (ab Punkt 2).

8. Ordnen Sie den Stress wieder auf der Skala ein. Der Stress sollte jetzt deutlich niedriger sein. Ist er zwischen 0 und 2, gehen Sie zum nächsten Punkt. Ansonsten wiederholen Sie die Schrittfolge zwei- bis dreimal.

9. Wenn der Stress nachlässt, setzen Sie das Klopfen solange fort, bis kein Stress mehr da ist.

10. Bei Stress zwischen 0 und zwei setzen Sie die Technik des Augenrollens ein. Klopfen Sie wieder den Serienpunkt, während sich Ihre Augen langsam und gleichmäßig mehrfach vom Boden aufwärts zur Decke hinbewegen.

Der Link zum Video:
https://www.carmenreuter.de/klopfakupunktur

Liste schnell und nachhaltig wirkender Methoden

Außer der Klopfakupunktur (siehe Kapitel 3.3) gibt es noch das aus der Traumatherapie stammende **EMDR** (Eye Movement Desensitization Reprocessing), eine etablierte Psychotherapiemethode, die über geleitete Augenbewegungen wirkt. Eine hervorragend wissenschaftlich untersuchte Therapiemethode, mit der nicht nur jede Form von Trauma aufgelöst werden kann. Auch Trigger, also die „roten Knöpfe", können damit entschärft werden. Wenden Sie sich zum Beispiel an den Verband für Psychotherapeuten:

http://www.emdria.de/

Um Trigger und andere Blockaden schnell zu erkennen, hilft die **Kinesiologie,** ein ganzheitliches energetisches Diagnose- und Heilverfahren, das Blockaden lösen und Stress abbauen kann. Adressen von Anwendern und mehr zur Wirkungsweise finden Sie zum Beispiel beim Verband:

https://www.dgak.de/

Die Kombination von EMDR und Kinesiologie finden Sie in der Coachingmethode **Wingwave**®, ein Leistungs- und Emotions-Coaching, das spürbar und schnell Blockaden und Leistungsstress ab- und Kreativität und Konfliktstabilität aufbaut:

https://wingwave.com/

Auch die Arbeit mit Glaubenssätzen kann befreiende Auswirkungen haben. Mehr dazu z. B. in der Arbeit von Byron Katie:

https://thework.com/sites/de/the-work/

Nicht alle Menschen, die mit den aufgezählten Methoden arbeiten, sind auch in den Verbänden gelistet. Ich arbeite zum Beispiel mit allen vier Methoden – und doch finden Sie mich nirgends auf den genannten Seiten.

Buchempfehlungen

Gerald Hüther, „Männer – Das schwache Geschlecht und sein Gehirn", Vandenhoeck & Ruprecht 2016

Dr. Anna Maria Möller-Leimkühler, „Vom Dauerstress zur Depression: Wie Männer mit psychischen Belastungen umgehen und sie besser bewältigen können", Fischer & Gann 2016

Gretchen Rubin, „Die 4 Happiness-Typen: Wie Erwartungen unsere Glücksfähigkeit prägen", Kailash Verlag 2018

Gretchen Rubin, „Erfinde Dich Neu: Verändere deine Verhaltensmuster und werde glücklicher, produktiver und besser als je zuvor", CBX Verlag 2015

Susanne Marx, „Klopfen befreit: EFT klar und verständlich", VAK Verlag 2015

Susanne Marx, „Klopfakupressur kompakt: Die besten Techniken auf einen Blick", vak kompakt 2015

Quellen und weiterführende Links

https://www.welt.de/print-wams/article123819/Gluecksge-fuehl-im-leeren-Bauch.html

http://www.oprah.com/omagazine/martha-becks-anti-com-plain-campaign

https://gretchenrubin.com/2011/01/six-questions-to-help-you-keep-your-cool-instead-of-losing-your-temper

Antonio Damasio, „Descartes' Irrtum. Fühlen, Denken und das menschliche Gehirn", List 2004

Joachim Bauer, „Das Gedächtnis des Körpers: Wie Beziehungen und Lebensstile unsere Gene steuern", Piper 2013

Informationen zu PEP (Prozess- und Embodimentfokussierte Psychologie):
https://www.dr-michael-bohne.de/was-ist-pep.html

Website von Gretchen Rubin mit kostenfreiem Fragebogen:
https://quiz.gretchenrubin.com/four-tendencies-quiz/

Die Autorin

Carmen Reuter ist ein Kind der Sechziger. Als Älteste von drei Kindern in einer nicht ganz einfachen Familie begann sie sich schon früh dafür zu interessieren, wie Menschen ticken und wie die Welt funktioniert. Und was alles schief gehen kann, wenn Menschen miteinander reden.

Ihr Berufsweg führte sie über die Ausbildungen zur Erzieherin und Heilpraktikerin schließlich zu ihrer großen Leidenschaft: Menschen komplexe Zusammenhänge auf leichte, kurzweilige Weise zu vermitteln – ob es um das Zusammenspiel von Psyche und Körper oder das große Thema Kommunikation geht. Als Coach arbeitet sie in eigener Praxis in Karlsruhe, für ihre Vorträge und Workshops reist sie durch ganz Deutschland.

„Komm mal runter von der Palme!" ist Carmen Reuters erstes Buch, in dem sie ihre Erfahrungen aus hunderten von Trainings und Seminaren veröffentlicht. Sie lebt mit ihrem Mann in Karlsruhe und hat zwei erwachsene Kinder.

Kontakt

Carmen Reuter COACHING. TRAINING. INSPIRATION.
Bergbahnstraße 8, 76227 Karlsruhe-Durlach
Tel. 0721 404221
Mail: kontakt@carmenreuter.de

Darf's noch ein wenig mehr sein?

Ich halte gerne einen Vortrag oder Workshop bei Ihnen - nicht nur zum Thema Ärger.

Seminare oder Workshops

Buchen Sie ein Inhouse-Seminar oder Webinar zu folgenden Themen:

- Anti-Ärger-Training
- Wege aus der Perfektionsfalle
- Gelassen im Umgang mit Ungewissheiten und Krisen
- Das Geheimnis kluger Entscheidungen

Für Ihr Unternehmen oder Ihre Institution entwickle ich Workshops, Seminare und Trainings, die Ihre spezifischen Anforderungen an Inhalte und Zielgruppen auf den Punkt erfüllen.

Vorträge und Impulse

Erleben Sie in meinen Vorträgen, wie begeisternd unterschiedliche Themenfelder präsentiert werden können: anschaulich und mitreißend, unterhaltsam und fundiert!

- Das geht mir unter die Haut – Gesund bleiben durch faire Kommunikation
- Die Welt verändern – mit einem Bleistift
- Optimal ist gut genug

Weitere Themen und Angebote finden Sie auf meiner Website http://www.carmenreuter.de/

Kundenstimmen

„Ich wollte ein großes Dankeschön an euch schicken für diese Möglichkeit mit dem Webinar von Carmen Reuter. Sie macht es wirklich wunderbar, mit so viel Herz, wunderbaren Ideen und Übungen."

„Frau Reuter leitete für den Verwaltungsgerichtshof B-W. zwei Seminare zu dem Thema „Wie sag ich´s nur? – Auf Augenhöhe erfolgreich kommunizieren". Sie hat uns mit Ihrer lebendigen, temperamentvollen und sehr sympathischen, als auch herzlichen Art begeistert und von Anfang an, mitgerissen. Sie versteht es, den Teilnehmer/innen ihr enormes Fachwissen praxisnah und fast spielerisch zu vermitteln. Ihre Vorträge waren sehr informativ, kurzweilig als auch spannend ... Die Stunden vergingen wie im Fluge."

„Danke Ihnen immer für Ihre wunderbaren Inspirationsveranstaltungen, die wirklich sehr prima und ganz enorm wichtig und richtig sind für den Alltag und das Arbeiten sowohl auch für die zwischenmenschliche Schiene, im Umgang miteinander und umeinander."

„Jeder (Coaching-)Impuls ist verbunden mit einer Geschichte aus dem wahren Leben und das macht einfach ALLES an Carmen Reuter glaubwürdig, sympathisch und kompetent und baut gleichzeitig eine Brücke, das Gehörte ohne Scheu für sich selbst auszuprobieren. Für mich ist Carmen Reuter eine der authentischsten Menschen, die ich kennengelernt habe."

„Carmen Reuter besticht durch ihre kompetente, authentische und humorvolle Art. Fortbildungsinhalte werden anschaulich erläutert und gleichzeitig ist das Seminar sehr kurzweilig. Die Leidenschaft für ihren Beruf ist deutlich zu erkennen. Auch eventuell bereits bekannte Theorien konnte Frau Reuter mit neuen Aspekten beleuchten, Aha-Momente garantiert. Mit vielen Beispielen untermauert, können die Inhalte des Anti Ärger Workshops im Alltag praktisch umgesetzt werden."

„Ich wollte mich noch nachträglich für den wunderbaren Workshop beim Mannheim Forum bedanken. Es hat mir persönlich sehr geholfen zu sehen, dass man nicht alleine mit seinen ‚Ängsten' und Unsicherheiten ist."

„Mit sehr großem Interesse habe ich heute Ihren Vortrag „Das geht mir unter die Haut" im Wasserwirtschaftsamt Kempten verfolgt. Ich habe noch nie einem Menschen so gerne zugehört wie Ihnen heute."

Zeitfracht Medien GmbH
Ferdinand-Jühlke-Straße 7
99095 Erfurt, Deutschland
produktsicherheit@kolibri360.de